VIGNETTES

ROMAINES

VIGNETTES

ROMAINES

PAR MONSEIGNEUR FÈVRE

Protonotaire Apostolique.

Roma, caput mundi.

S. PROSPER.

NANCY

BORDES FRÈRES, LIBRAIRES-ÉDITEURS.

—

1866

VIGNETTES ROMAINES.

Je viens de faire le pélerinage de Rome. Je souhaite à tous mes frères la même fortune.

Avant de prendre le bâton de pélerin, j'avais lu les relations de tous les grands voyageurs, depuis Montaigne jusqu'à Veuillot. Grâces à ces intéressantes lectures, j'avais contemplé la ville sainte avec l'œil de l'esprit; j'avais prévu les pensées, pressenti les impressions qu'éveille à l'ordinaire le spectacle de ses monuments. Toutefois, en faisant provision des sentiments et des idées d'autrui, j'avais réservé mon jugement personnel. Rome est un mystère, dit saint Jean. Il entre dans les desseins de Dieu de nous en découvrir les profondeurs suivant les besoins des temps. Tous ceux qui visitent la ville éternelle, autrement qu'en voyageurs frivoles, doivent donc toucher, du cœur ou de l'intelligence, aux profondeurs de ce mystère; et suivant l'abondance des lumières qu'ils reçoivent, ils doivent se croire appelés à parler. Telle est, en effet, la vertu singulière de Rome. Ceux qui la voient ne peuvent se contenir. Non pas seulement parce que tout homme qui a découvert la face jusque-là voilée d'une vérité, se sent apôtre pour en divulguer les merveilles; mais encore et surtout parce qu'il y a *un dessein du ciel* pour la manifestation de cette grande cité, et que l'accomplissement de ce dessein *répond* aux besoins des temps. Rome a toujours été la pierre angulaire; elle est aujourd'hui la pierre d'achoppement. C'est autour de son nom que se livre le grand combat du siècle. Nous qui sommes romains par là que nous sommes catholiques, nous qui sommes mêlés à des luttes dont nous avons à soutenir l'honneur pour en recueillir les bénéfices, nous devons tous parler de Rome et publier les quelques pensées à nous propres, dont l'émission peut concourir à la révélation exacte et entière de sa particulière beauté.

Tel est l'objet de ces *Vignettes.* Ce titre n'annonce point une relation de voyage pouvant servir à d'autres voyageurs. Les guides classiques et nombre d'ouvrages également classiques ne laissent, à cet égard, rien à désirer. Notre dessein, beaucoup plus modeste, ne va qu'à consigner des observations neuves, à recueillir des traits inédits, à tracer quelques images simples dont la gravure, d'ailleurs rustique, puisse offrir à tous l'attrait d'un véritable intérêt.

Pour dessiner ces vignettes, je me suis placé à un point de vue qui n'est pas celui des auteurs en vogue. Ampère, dans l'*Histoire romaine à Rome*, écrit l'histoire des rois et de la république d'après les monuments. Champagny, dans les *Césars, Rome et la Judée*, a traité en maître l'ère des Césars. Broglie, dans ses études sur le ive siècle, avec un esprit différent, a marché sur les traces de Champagny. Lagournerie s'est borné à *Rome chrétienne*, en rattachant au nom des papes, les souvenirs de l'histoire et des monuments. Gaume, dans ses *Trois Romes*, a écrit une charmante et érudite relation de voyage. Gerbet a composé, dans ses *Esquisses*, la théologie de Rome. Rio, dans son beau livre de l'*Art chrétien*, a parlé exclusivement de la peinture. Edmond Lafond, dans ses *Lettres d'un pélerin*, et Louis Veuillot, dans le *Parfum de Rome*, ont butiné deçà et delà pour faire de leurs livres, je ne sais si je dois dire un rayon de miel ou un bouquet de fleurs. A coup sûr, il ne peut me venir à l'esprit de comparer à ces grands ouvrages un faible opuscule; je me borne à marquer la différence qu'il y a entre la pensée génératrice de ces hautes compositions et la pensée qui a inspiré ces courtes notes. Rome est pour moi, avant tout et par-dessus tout, la *ville de saint Pierre*. C'est le mystère de saint Pierre, si l'on peut ainsi parler, que j'ai particulièrement étudié à Rome, parce qu'il y avait à scruter ses profondeurs, outre les raisons de justesse, le charme de la nouveauté et l'à-propos de l'utilité.

D'après cette pensée, on pourrait aisément écrire sur Rome un grand ouvrage. Les matériaux en sont épars dans les publications sus-mentionnées, et il s'en trouvera aussi, j'espère, quelques-uns dans cet opuscule. Malgré le charme de la tentation je n'y ai point succombé, et cela pour deux motifs. Le premier, c'est qu'il faut laisser au zèle des papes et à l'action de leur premier conseiller, le temps, le soin d'avancer, par les fouilles et les restaurations, la résurrection de Rome. Le second, c'est qu'il faut permettre à la piété contemporaine et aussi à la science, de faire descendre sur ces découvertes l'esprit vivifiant qui soulève les voiles et agrandit les horizons. Jusque-là il n'y a, pour chacun, à écrire que des notes; à consigner, au jour le jour, la mention des objets qui viennent à la lumière, et l'indication des pensées qui descendent d'en-haut pour en révéler l'interprétation. Ce double travail achevé, Dieu suscitera l'architecte qui bâtira le grand temple littéraire de saint Pierre et fera briller la gloire de la nouvelle Sion.

C'est l'usage que les pélerins, au retour, offrent des chapelets bénits, des croix, des médailles, des reliques. Je présente ces petites images de ma façon à ceux qui, pendant le voyage, m'ont prêté le secours de leurs prières et l'appui de leurs sympathies. Dieu leur y fasse trouver la grâce de saint Pierre! Et veuillent les saints Anges porter ces vignettes dans d'autres mains également fraternelles pour leur faire répandre partout quelque bénédiction.

I.

Le Pélerinage de Rome.

Et d'abord, un mot du pélerinage de Rome.

Dieu est présent partout : on peut, en tous lieux, lui adresser sa prière, ressentir la grâce de sa sainte présence et recueillir le bienfait de ses bénédictions. Cependant c'est un fait avéré que Dieu a choisi, sur la terre, certains endroits privilégiés, pour y manifester sa bonté et sa puissance, sa miséricorde ou sa justice.

A la tête de ces lieux favorisés du Ciel éclatent les deux villes saintes, Jérusalem et Rome.

Jérusalem et la Terre sainte, Bethléem, Nazareth, Béthanie, Capharnaüm, le jardin des Oliviers, le mont du Calvaire sont les lieux sanctifiés par la présence du Sauveur, enchantés par sa parole, arrosés de ses sueurs et de son sang.

Rome, les Catacombes, le Colysée, Saint-Jean de Latran, Saint-Pierre au Vatican, Saint-Paul hors des murs, Sainte-Marie-Majeure, toutes les églises de la Ville éternelle, sont des lieux sanctifiés par la présence du Vicaire de Jésus-Christ, arrosés du sang des martyrs, déifiés, en quelque sorte, par la multitude des sources de grâces qui y jaillissent et par l'éclat des vertus qu'y fait naître l'attouchement de la grâce.

Jérusalem est la Rome du Fils de Dieu, Rome est la Jérusalem de son Vicaire.

De plus, Jérusalem, au moins pour les objets qui nous intéressent, a été transportée à Rome. La crèche, la croix, les instruments de la Passion, la terre du Golgotha, toutes les grandes reliques s'y trouvent aujourd'hui. Rome a absorbé Jérusalem, non pour l'éclipser, mais pour la soustraire aux profanations et l'agrandir.

C'est pourquoi Rome a exercé, de tous temps, sur les cœurs catholiques, une admirable *puissance d'attraction*. Il n'y a pas un chrétien, je dirais presque pas un homme intelligent, qui ne se sente poussé à visiter Rome; pas un qui ne cherche, avec une inquiétude sensible, les moyens d'accomplir ce saint voyage; pas un qui, trouvant la facilité de l'accomplir, ne dise avec un sentiment de triomphante allégresse : « Je vais partir ! »

Aussi, depuis les premiers temps du Christianisme, combien de pélerins n'ont pas visité Rome. On lit déjà, sur les murs des Catacombes, des noms de chrétiens venus de contrées lointaines, pour voir Pierre. A l'avènement de Constantin, il y a, dans le monde, un mouvement d'allégresse qui pousse des multitudes vers la ville sainte. Après les invasions des barbares, on trouve jusque chez les Anglo-Saxons *une voie royale*, c'est, je crois, le mot du vénérable Bède, une voie royale qui conduit à Rome les enfants de la Grande-Bretagne. Chez les Francs, fils aînés de l'Eglise, le pélerinage de Rome est comme une visite à la maison paternelle ; il trouve son couronnement glorieux dans les voyages de Charlemagne. Au moyen-âge s'établit le proverbe : *Tout chemin mène à Rome :* preuve encore vivante de l'empressement des peuples à vénérer la Chaire Apostolique. A la Renaissance, tous les humanistes veulent fouler la terre qui a inspiré les odes d'Horace et servi d'écho aux discours de Cicéron ; mais ces païens ne rentrent pas dans leur pays, leurs livres en font foi, sans évoquer la grande image des martyrs et sans s'incliner devant le trône des Papes. De nos jours enfin, aux fêtes de Noël, de Pâques et de la Pentecôte, on voit chaque année des milliers de pélerins, même hérétiques, même incroyants, qu'une voix d'en-haut appelle des extrémités de la terre ; qui viennent sans trop savoir pourquoi ; qui visitent les églises ; qui prient à la confession des basiliques ; qui reçoivent la bénédiction du Saint-Père et sont admis à son audience ; qui rentrent dans leur patrie heureux de pouvoir dire : « J'ai vu Rome ! » et fidèles, jusqu'à leur dernier jour, à célébrer son nom.

Dans l'avenir, j'aime à l'espérer, des pélerins plus nombreux marcheront sur nos traces. De toute région qui est sous le ciel viendront des enfants plus empressés et plus pieux. Et je l'espère, parce que le pélerinage de Rome n'est plus aujourd'hui seulement une marque de piété, c'est encore un acte de courage, un élan de bravoure pour la consolation et la défense du Roi notre Père.

II.

Deux faux points de vue.

Un pélerinage n'est pas un voyage vulgaire; pour le faire avec intelligence et profit, il ne suffit pas de se mettre en route sans autre préparation. Le pélerinage de Rome a pour but de rendre à Dieu, dans son Église un honneur particulier, et de recevoir en retour une grâce spéciale. Par conséquent, avant de l'entreprendre, il faut purifier son cœur, le mettre, par la pénitence et la sanctification, en état de recevoir grâce et de rendre gloire.

De plus, si l'on veut prévenir les mécomptes et s'épargner les injustices, il faut joindre à cette préparation du cœur une préparation de l'esprit.

Je ne veux point dire qu'il faille s'enfermer dans les bibliothèques et se livrer à de difficiles études. Non. A chaque jour suffit sa peine. Les loisirs qu'impose la fatigue du voyage seront aisément et agréablement consacrés à la lecture des *Itinéraires*. Mais, pour profiter de ces pérégrinations dans les Guides et de la visite des monuments, il faut arriver à se faire *une certaine disposition d'esprit* qui nous délivre *du préjugé* et nous permette de voir, de bien voir, sans parti pris de faveur ni de dénigrement.

Les voyageurs français sont exposés à ce double écueil : les uns, de tout admirer sans discernement, les autres de tout blâmer, sans raison ni justice.

Entre un peuple et un autre peuple, il y a une grande différence de pensées, de mœurs, d'usages et de coutumes. En France, nous nous sommes permis des habitudes; en Italie, nous devons permettre aux indigènes d'avoir aussi leurs franchises. Exiger des peuples que nous visitons de se plier à nos convenances, serait d'un sans-gêne grossier et presque inepte. Tout voyageur *doit vivre de la vie du peuple* auquel il demande l'hospitalité; il doit raisonner ses usages d'après ses principes, s'y accommoder de bonne grâce, certain qu'il y trouvera aisance et lumière. Mais s'il veut promener partout, comme l'Anglais ou l'Américain, son chez-soi impérieux et sa morgue absurde, que ne reste-t-il dans ses foyers? Voyager pour se rendre ridicule, oh! vraiment, il n'y a pas de quoi se déranger.

Le ridicule d'une pareille prétention n'est pas contestable, et pourtant il est très-commun. Nos villes ont été régénérées, c'est-à-dire démolies, bâties au cordeau, tirées à quatre épingles. Des monuments à façades prétentieuses, des places plantées de tilleuls, des rues d'une parfaite régularité; telle est leur commune physionomie. Un séjour habituel dans ces villes ne manque ni de monotonie ni d'ennui : leur plate beauté a si peu à dire! Un voyage est donc toujours une bonne fortune; mais en nous mettant en route, nous oublions de nous délivrer de notre idéal. Ces villes qui nous ont si fort ennuyé, restent pour nous le modèle des villes. Partant de cette supposition, nous devons, à l'étranger, trouver tout de travers. L'Angleterre et l'Allemagne ont jugé bon de ne pas prendre, comme nous, la fièvre du mortier et des soi-disant belles façades. L'Italie y songe moins encore. Les cités italiennes ont leur cachet traditionnel; elles gardent leurs vieux palais, leurs vieilles maisons. leurs vieilles rues, elles ne rajeunissent guère que leurs églises. Il faut donc, bon gré mal gré, les prendre telles qu'elles sont ou s'épargner un voyage dont le seul résultat serait de faire faire des grimaces.

Les âmes pieuses ont un autre écueil à éviter.

Rome est la ville des Papes. Le Pape est le représentant de Jésus-Christ sur la terre. La présence et la suprématie du Vicaire de l'Homme-Dieu *exigent* qu'il y ait, à Rome, *un certain rayonnement de vertus,* une certaine distinction de mérites qui découlent du rôle des Souverains-Pontifes et rendent hommage à leur ministère. D'après cette idée, nous, catholiques, qu'anime un sentiment de profonde dévotion envers le Saint-Siége, avant d'avoir vu Rome, nous nous persuadons que la Ville sainte est entièrement soustraite aux infirmités des grandes villes et même aux misères communes de l'humanité. Nous caressons cette illusion avec d'autant plus de zèle que notre piété est plus vive. Et quand nous visitons la vieille cité romaine, nous voulons absolument admirer même ce qui n'est pas admirable, justifier même ce qui n'est pas susceptible de justification. Le danger de nouvelles attaques doit nous faire abjurer cette fausse idée d'une Rome sans taches ni rides. Rome a toutes les vertus nécessaires à l'auréole de la Chaire Apostolique; elle en a même qui ne sont point nécessaires pour faire rayonner ses splendeurs. Tant que la discussion sera renfermée dans ces limites, nous pourrons la soutenir avec avantage. Mais Rome n'est pas encore la céleste Jérusalem; elle n'en est que le vestibule terrestre et l'image affaiblie. Ses habitants, soumis, comme nous, au joug qui pèse sur la tête des enfants d'Adam, connaissent, comme nous, les épreuves, les tentations, les vicissitudes, souvent lamentables, de la vie. Son gouvernement, aux prises. comme tous les gouvernements, avec la rude tâche de contenir, de diriger et d'élever les peuples, voit, comme tous les gouvernements, ses meilleures pensées manquer dans l'application, et ses plus nobles desseins trahir les prévisions de sa sagesse. S'il y a, à Rome, des vices et des misères, que nous importe? Nous n'avons point à en accepter la défense et à en subir la responsabilité. Le Pape lui-même, qui est plus père encore que roi, croyez-vous qu'il ne reprenne rien dans ses sujets? Ce que le Pape regrette, nous pouvons le regretter comme lui, avec ce sentiment de compatissance qui sied si bien à l'intégrité et cette application de zèle qui cherche un remède au mal.

Mais, pour l'honneur de l'Eglise et par susceptibilité de bon sens, ne nous attardons pas plus long-temps dans l'idée fausse et périlleuse d'une Rome irréprochable. Arrière cette illusion qui nous mènerait au pharisaïsme. Nous avons assez de vertu pour confesser nos misères; et confesser nos misères n'est-ce pas ajouter encore à nos vertus cet achèvement souverain que comporte l'humaine infirmité?

———

III

La première vue de Rome.

Cette délicatesse de logique est d'autant plus nécessaire que la première vue de Rome et des environs répond moins aux grandes idées qu'on s'en était faites. Civita-Vecchia est, comme l'indique son nom, une vieille ville à peu près sans grâce ; elle manque surtout de ce qui fait l'ornement de nos places fortes ; elle n'a ni enceinte continue ni forts isolés, avec escarpe et contrescarpe, pour soutenir l'assaut d'une flotte et foudroyer une population en révolte. Les papes n'ont jamais eu à se défendre contre les agressions du dehors ni du dedans. De là, l'inutilité des fortifications. Premier sujet de surprise pour un Français.

De Civita à Rome la campagne contraste avec nos campagnes françaises. Chez nous, les champs sont divisés par petits lots ; tous cultivés, à moins d'impossibilité absolue ; couverts, pour l'agrément des yeux, d'oliviers, de mûriers, de vignes, de froment, de betterave ou de houblon. Nous sommes en plein, pour les campagnes, s'entend, dans ce qu'on appelle le système agricole. Dans la portion des états pontificaux qui touche à la mer, on est resté sans plus de façon au système pastoral. De grandes propriétés, couvertes de grandes herbes où des bœufs à pelage souris et grandes cornes, ruminent paisiblement ; des montagnes, des collines couvertes d'arbrisseaux, qu'escaladent d'un pied leste et que broutent d'une dent habile des troupeaux de chèvres blanches ; partout des bergers qui affectionnent la position horizontale. Les commis-voyageurs trouvent cela abominable : ce sont, en général, des garçons qui ont quitté la chaumière villageoise par excès d'amour pour les travaux rustiques. Mais ce que blâment les commis-voyageurs s'explique de soi-même. Le voisinage des montagnes expose les terres de plaine à être couvertes d'eau ; la friabilité du sol permet à ces eaux de faire de terribles ravages : et le vent de la mer, qui est proche, promène partout des sels qui aident peu à la culture. Il est donc permis de douter que l'agriculture réussisse sur ce littoral ; et quand même elle réussirait, il est parfaitement permis aux propriétaires de préférer la fabrique du bétail à la production du grain. D'autant mieux que cette préférence donne à la campagne de Rome une mélancolique beauté qui sied à merveille au caractère de la ville sainte. Rien ne choquerait plus autour de Rome qu'un jardin de dix lieues à la ronde, comme cela se voit autour de Paris. Robinson, Romainville, le pré Saint-Gervais, le bois de Boulogne sont bien à leur place ; ils seraient déplacés sur les bords du Tibre. Un épicier retiré avec la maison blanche aux volets verts dans les champs où furent les villas ; un bastringue à l'ombre des vieilles ruines ; les agréments du sensualisme autour de Rome, je vous demande si ce ne serait pas un grossier contre-sens. Le goût du vulgaire finit où commence celui des connaisseurs ; mais j'en vois, même parmi les gens de goût, qui s'arrêtent au contentement facile de la foule. Pour moi, je trouve à la campagne de Rome, à ce long développement de la plaine, à ce cercle de montagnes, à cet horizon sévère, des magnificences qui dépassent toute imagination. Cet encadrement a été, de toute évidence, serti par la main attentive du grand joaillier de l'univers.

Quant à la première vue de Rome, elle est décidément le contrepied de tous les rêves, La vieille enceinte de remparts, les aqueducs, les Thermes, qui élèvent dans les airs leur masse imposante, répondent bien à l'idée de la grandeur romaine. Mais le Tibre, avec son eau jaune, mais Saint-Paul hors des murs avec son plan au carré, mais Saint-Jean-de-Latran et Sainte-Marie-Majeure avec leurs tours lilliputiennes et leurs dehors effacés, mais la ville entière avec ses toits inégaux, avec cette teinte blafarde que lui donne l'inclémence du soleil, on se demande si cet amas de vulgarités c'est bien la Rome qu'entrevoyait notre âme enchantée, et la curiosité trompée fait place à la tristesse. Vous vous prenez à soupirer l'épithalame de la mort.

Cette tristesse est sans raison, il faut renvoyer ses chants au jour du départ, sauf à les reprendre sur un autre mode.

D'abord, Rome est une ville antique, elle ne se démolit pas tous les quinze ans, précisément parce qu'elle veut garder son antiquité. De plus, elle a été bâtie d'après d'autres principes et pour répondre à d'autres exigences que nos villes modernes. Ainsi, nos villes françaises donnent beaucoup à la perspective extérieure, au coup-d'œil d'ensemble, au rapport des édifices entre eux, à l'agrément qui se prend du dehors. Rome n'accorde rien ou presque rien à ce goût. Ses rues, ses avenues, ses maisons, ses églises, tout est calculé de manière à répondre aux strictes exigences du service, et surtout en vue de soustraire les habitants à la mal'aria. Qui ne tient pas compte de ces nécessités de climat, ne raisonne pas; et s'il récrimine, il déraisonne.

Ensuite, avant de parler de Rome avec cette grotesque assurance, il faut voir. Or, pour voir Rome, il faut au moins trois mois de séjour, d'autres disent six mois. Le voyageur qui traverse Nancy, Dijon, Lyon, Bordeaux, peut, avec un guide intelligent, dans une journée bien employée, se flatter de connaitre les curiosités de ces différentes villes. Londres, la plus grande ville du monde, peut être, en quelques jours, fouillée de fond en comble. Rome, qui le cède en population à beaucoup de cités, ne le cède à aucune sous le rapport de l'intérêt. Rome, païenne ou chrétienne, a toujours été l'axe des révolutions historiques; on ne peut faire un pas dans ses murs ou dans sa campagne sans se heurter à un souvenir qui touche le cœur du genre humain. Ses monuments, anciens et modernes, se présentent avec le double attrait· de l'enchantement spontané et de l'étude réfléchie. Ses églises (1), ses palais, ses musées, ses galeries sont au-dessus de toute comparaison. La Chaire Apostolique, les règles de gouvernement qui en descendent, la

(1) Rien que pour Saint-Pierre, il est connu qu'il faut de nombreuses visites, pour arriver seulement à le connaître. Quant à en savourer la beauté, *non omnes capiunt verbum istud.* C'est un fait vulgaire, pourtant que plus on le voit, plus on le trouve beau. Ce qui est vrai de Saint-Pierre, l'est de beaucoup d'autres monuments.

science théologique qui motive ou explique ses maximes, les écoles où l'on enseigne cette science, les établissements sans nombre où l'on pratique en grand la science suréminente de la charité, sont autant d'objets qui jettent la pensée en contemplation. La vie du peuple, les usages locaux, les mœurs traditionnelles appellent encore l'attention de l'observateur. Il faut voir tout cela, et quand je dis voir, je n'entends pas seulement *ouvrir les yeux*, promener un regard rapide et inintelligent sur les merveilles de Rome. Voir de la sorte et fermer les yeux, c'est la même chose. A la rigueur, on pourrait, si l'on entend voyager ainsi, se dispenser de toute fatigue, et, en lisant l'Itinéraire, visiter Rome au coin de son feu. Foin de ces absurdités! Etant données, d'une part la multitude de monuments à voir, de l'autre la nécessité de les bien voir, il tombe sous le sens que pour visiter Rome, il faut réellement un temps beaucoup plus considérable que n'en met la foule vulgaire des touristes.

Il y a mieux à dire, Rome n'est pas seulement la ville riche par excellence en monuments de toutes sortes; elle est, avant tout, la ville sainte, la capitale de l'Eglise, la tête et le cœur du catholicisme. A la beauté artistique, elle joint une beauté supérieure, *beauté mystique un peu mystérieuse,* qu'il faut absolument chercher pour la découvrir, et goûter pour la connaître. Cette beauté touche à tout : au sens providentiel des plus grands faits de l'histoire, à la grande victoire de l'Evangile sur le paganisme, aux persécutions, à la défense du dogme contre les hérésies; en un mot, à tout ce qui intéresse la foi, les mœurs et le gouvernement de l'Eglise. — Et elle atteint, cette beauté, des splendeurs inexprimables. Il me souvient d'un article où l'abbé Pitra, aujourd'hui cardinal, prouvait la principauté du Pape par le nombre des consultations adressées, dès les premiers temps, aux Souverains Pontifes : en cubant ces masses de papiers, le docte Bénédictin voyait s'élever des montagnes qui rendaient des oracles théologiques. On cite cet autre fait de saint Pie V, qui, prié par un ambassadeur de lui donner des reliques, ramassa une poignée de terre et l'offrit au diplomate, en disant : « Tenez, elle a été teinte du sang des martyrs et elle contient la poussière de leurs ossements. » Ces anecdotes rendent hommage à un grand principe, qu'il n'est permis ni de méconnaître ni de diminuer. Rome est un grand reliquaire. Dans sa glorieuse enceinte, il ne se trouve pas un objet qui n'éveille les hautes pensées et d'où ne se dégage une vertu. C'est, si vous l'aimez mieux, un livre dont les caractères sont les débris des morts et la poussière des empires. Symbole universel, Rome n'a pas un objet visible qui n'élève à quelque chose d'invisible. Le pieux Evêque de Perpignan lui a appliqué le mot de saint Paul sur la Création : *Invisibilia ipsius per ea quæ facta sunt intellecta conspiciuntur.* On ne peut pas mieux exprimer le grand sens de Rome! Ceux qui l'étudient à ce point de vue n'ont jamais épuisé la matière : combien de vies délicieusement passées à épeler le mystère de Rome! Ceux qui entendent l'étudier autrement se mettent en dehors de la réalité. Alors, ne trouvant plus à quoi se prendre, ils s'écrient : *Rome n'est plus dans Rome!* Pardon, grands personnages,

Rome, dans ton humilité actuelle, est plus que jamais Rome ; elle garde toujours sa haute signification, et de plus, c'est dans la faiblesse qu'elle fait éclater sa puissance. Seulement vous ne comprenez pas sa grandeur, vous avez perdu le double secret de sa magnificence.

IV.

L'Hospitalité.

Le voyage a toujours été une fatigue. Pour rappeler la tristesse de notre condition présente, on dit le *voyage* de la vie.

Autrefois, les voyages se faisaient avec de lourds chevaux, de lourdes voitures et de lourds cochers. Cette lenteur, qui avait bien son ennui, avait aussi ses avantages. On allait lentement, mais on voyait bien. On montait les côtes à pied, mais on goûtait le charme du paysage. On mettait du temps pour arriver, mais on rencontrait sur la route des hôtelleries où l'on retrouvait la familiarité et l'aisance peu coûteuse du chez soi. Aujourd'hui, nous faisons deux cent cinquante lieues en vingt-quatre heures. Mais cette promptitude, très-favorable pour le commerce, cadre peu avec les douceurs des voyages d'agrément. Le voyageur est enfermé dans de grandes boîtes; il est tiré par des machines qui font un bruit infernal; il va comme la foudre, mais il ne voit rien que des campagnes qui fuient; à peine distingue-t-il, çà et là, la blanche silhouette d'un village encadré de verdure, et la flèche d'un clocher qui s'élance vers le ciel comme un élan de la prière. Les intermédiaires ne comptent pas; c'est de Paris à Rouen, à Lille, à Strasbourg, à Lyon ou à Marseille. Il n'existe plus que le centre, la circonférence.... et les maîtres-d'hôtel. « Les maîtres-d'hôtel, dit Louis Veuillot, remplacent les voleurs de grand chemin. » Le fait est qu'il vous écorchent avec un art d'une courtoisie charmante et d'une rapacité sans égal. Tant pour la chambre, tant pour la bougie, tant pour la chaussure, tant pour l'encrier, tant pour le déjeuner, tant pour le dîner, tant pour le service : total tant. Dans les restaurants, on a même introduit l'usage de compter à part chaque article des repas, moyen infaillible de vous prendre votre argent et de vous laisser votre appétit. Bref, les voyageurs, en ce siècle de progrès, sont à peu près l'histoire d'un oiseau expédié dans une cage et d'un vermisseau tombé dans une fourmilière.

A Rome, les hôtels sont comme partout, je pense. Mais ce n'est pas dans les hôtels qu'il faut étudier l'hospitalité romaine.

L'homme est naturellement bon pour ses amis; en dehors du cercle des amis et connaissances, il n'a guère, pour les autres, que la politesse. L'étranger cependant, par cet attrait de curiosité et cet intérêt de compassion qui s'attache à son isolement, obtient volontiers plus que la politesse commune. On l'invite, on l'écoute, on s'apitoie.... et on le laisse aller. L'étranger est partout l'étranger, excepté à Rome. A Rome, l'étranger est un pèlerin qu'on entoure de vénération, un frère qu'on n'a jamais vu, qu'on ne verra plus dans quelques semaines, mais qu'on se plaît à recevoir avec une parfaite cordialité. L'homme du peuple le distingue pour se mettre à ses ordres; l'homme de classe élevée aime à l'introduire dans son intérieur; l'homme en place lui accorde avec empressement tout ce qui peut aider à ses plaisirs. S'il est prêtre, les recteurs, après la messe, lui offrent quelque réjouissance, et les moines l'invitent à quelque promenade dans leur métairie. Où trouver plus de bonne grâce que dans ces sacristies et dans ces cloîtres? Les cardinaux, princes de l'Eglise, sont d'un abord plus facile que certains doyens; et le Pape, *positis ponendis*, admet à son audience plus facilement que plus d'un évêque. On trouve à Rome, dans la plus grande majesté, la plus grande bonté. On admire, dans tout le monde, ce sans-gêne encourageant, ces épanchements d'un cœur sincère, cette douceur discrètement affectueuse qui sont le charme de la vie. On respire une atmosphère de familiarité, un air de chez soi, un parfum d'intimité fraternelle qui enchantent. Aussi les voyageurs affluent-ils à Rome de tous les coins de l'univers; ils s'y plaisent d'autant plus qu'ils y restent davantage; ils n'en sortent jamais sans dire, avec quelque regret, non pas : adieu, mais : au revoir.

L'hospitalité, à Rome, répond bien au caractère de la cité : c'est une hospitalité vraiment catholique.

V.

Les Populations Italiennes.

Au reste, l'esprit hospitalier n'est qu'un côté des mœurs de cette curieuse population. Nous devons en montrer les autres aspects pour dissiper des préjugés semés par la calomnie et propagés par l'irréflexion. Non pas que nous ayons la prétention de révéler, à cet égard, des choses cachées, ni la faiblesse de tout admirer. Mais il nous a paru qu'en prenant les faits au pied du bon sens, en les expliquant tels qu'ils doivent s'expliquer, s'il y avait lieu encore de censurer, il y a lieu aussi de faire marcher de pair la censure et l'indulgence.

Courier a écrit au sujet de l'Italie : « Le plus beau des pays et le dernier des peuples. » Courier était un helléniste qui écrivait fort bien le français, mais il avait gardé l'impiété de Voltaire et il pratiquait ses principes à l'endroit des mœurs; il mourut, Dieu lui fasse paix ! assassiné par un domestique qui était l'amant de sa femme. Ce que Courier dit là est la monnaie courante de tout public hostile à l'Eglise.

Les Italiens, gens mous, lâches, dissimulés, malpropres, voleurs, assassins, superstitieux, débauchés.... La tirade était autrefois fort longue, elle a été abrégée depuis que les petits messieurs de la grande presse ont découvert l'*Italie des Italiens.*

Adressons à Dame logique une petite prière pour nous soustraire aux anathèmes de ces litanies.

En Italie, le sol est d'une admirable fécondité. Sans engrais, presque sans culture, il produit trois récoltes : du blé qui se vend fort cher pour la fabrication des pâtes d'Italie, des feuilles de mûriers et des fruits d'oliviers qui croissent dans les champs sans nuire aux récoltes, et du vin, de l'excellent vin de raisin, tiré de ces gros ceps qui montent sur les oliviers et les mûriers De plus, une mer très-poissonneuse, des campagnes très-giboyeuses fournissent en abondance toutes les meilleures pièces de pêche et de venaison. D'autre part, l'ardeur du soleil incline beaucoup moins à travailler qu'à dormir; en certaines saisons et à certaines heures du jour, elle rend même tout-à-fait impossible l'exercice fatiguant des membres. La pesanteur du climat et l'absence de travail excitent d'ailleurs peu l'appétit. En sorte que les Italiens, médiocrement pressés par le besoin, trouvent, au plus bas prix, de quoi se contenter. Avec un sou, un napolitain passe agréablement sa journée. Vous jugez, lorsqu'on peut vivre pour un sou, si l'on a la tentation de le mendier au lieu de le gagner, surtout si l'on habite un pays visité par tous les riches curieux de l'univers. De là cette fameuse paresse que pratiqueraient certainement tous les peuples s'ils pouvaient jouir des avantages de l'Italie.

La paresse, dit un vieux proverbe, est la mère de tous les vices. On devrait conclure du proverbe que tous les vices sont l'apanage de l'Italien, surtout lorsqu'on pense au sang chaud que porte l'homme sous ce brûlant climat. Mais cette conclusion ne cadrerait nullement avec les faits.

D'abord, si l'Italien ne cultive pas la terre, il n'est pas, pour cela, entièrement oisif. La belle nature occupe son attention; les chefs-d'œuvre de l'art, sculpture, peinture, poésie, offrent à son goût du beau des objets d'étude. Les jours d'entrée, les musées sont pleins de gens du peuple, même de *contadini* venus exprès des campagnes. Vous voyez un homme, assis tout le jour au pied d'un arbre, il contemple le paysage déroulé sous ses yeux et en savoure les agréments. Un jour, allant en visite, je remis ma carte au portier, et tandis qu'il la portait, je jetai un coup-d'œil sur le livre ouvert devant lui : c'était l'*Enfer* du Dante. Tels sont les Italiens, un peuple d'artistes, peu soucieux des vulgaires nécessités de la vie, mais amants passionnés de l'idéal.

Cette délicatesse de goût défend les Italiens contre les vices grossiers. Si nous étions, en France, déchargés des rudes labeurs de la campagne; si nous avions à déguster ces excellents vins du Midi, je crains fort que les cabarets, déjà si fréquentés, n'amènent la multiplication des ivrognes. Au premier moment de loisir nous courons à l'orgie, infirmité qui rabat un peu l'éloge que nous aimons à faire de nos vertus. L'Italien, c'est justice à lui rendre, ne connaît pas ces abaissements. Boire pour boire, boire pour s'enivrer, pour s'avilir, n'est pas son fait. Un verre d'Orvieto le met en belle humeur. Une fois *parti*, comme nous disons, il ne boit plus, mais il chante. Tout son entrain ne va qu'à chanson.

La même retenue se remarque chez les dames. Chez nous, toutes les femmes qui ne sont pas foncièrement pieuses, sont foncièrement coquettes. Leur coquetterie se manifeste par cette recherche d'ajustements qui, pour le dire en passant, accuse un peu leur beauté; car enfin, si elles étaient distinguées par des grâces naturelles, elles auraient moins besoin d'oripeaux pour les augmenter, ces grâces, que de simplicité pour les mettre en évidence. Ainsi chargées d'ajustements, nos dames marchent d'un pied fier, parfaitement persuadées qu'il n'est rien d'égal au monde. A Rome, une fois admis ce type de figure bronzée, les femmes sont tellement belles qu'il est impossible de ne le pas remarquer. Mais, à l'encontre des nôtres, elles ne font pas étalage de luxe. Bien plus, elles paraissent n'attacher aucune importance à leur beauté personnelle. En voyant passer dans les rues une Chigi ou une Ruspoli, les plus belles d'entre toutes les belles, vous seriez tenté de courir après pour lui dire : « A ça, mais, savez-vous que vous êtes merveilleusement belle ! » Il est fort possible qu'elle vous réponde : « A ça mais, monsieur, c'est une nouvelle que vous m'apprenez là. »

Pour les mœurs, la décence est parfaite. Pas un regard, pas un éclat de voix, pas de ces manières que ne dédaignent pas assez, en France, les femmes honnêtes. J'ai ouï dire que dans un certain monde, la pureté des relations laissait quelquefois à désirer. Ces désordres fournissent l'occasion de noter une nouvelle différence de mœurs. En France. des personnes qui vivent en dehors de toute pratique religieuse. se disent sans reproche. Les plus impies ont sans cesse à la bouche l'éloge de leur honnêteté, de leur pureté, de leur incorruptibilité. Etre saint sans la grâce de Dieu, voilà notre orgueil, notre folie. En Italie, si on est pécheur, on le sait, on ne le cache pas et même on le confesse. A Naples, les femmes à genoux devant les madones, prient tout haut et font confession publique en implorant une faveur. Partout les tribunaux de la pénitence sont entourés de fidèles qui vont chercher le pardon de leurs fautes et qui courent du saint tribunal à la Table sainte. Si ce grand nombre de confessions fait naturellement supposer un grand nombre de fautes. il montre surtout que le pécheur connaît le remède comme le mal, et que, s'il retombe toujours, il s'efforce toujours de se relever.

Au reste ce sentiment de pénitence après le péché ne diminue pas, tant s'en faut, l'énergie des âmes. Rousseau disait qu'un chrétien fidèle est nécessairement un homme mou; le contraire est l'exacte vérité. Il faut beaucoup de force pour aller droit son chemin; il en faut plus encore, si l'on s'est écarté, pour rentrer dans la droite voie. Les Romains en sont la preuve. Je doute qu'il y ait, au monde, un peuple aussi fier. Naturellement silencieux, ils se présentent avec gravité. marchent avec mesure, et enfourchent leur monture avec la sérénité d'un triomphateur. Un paysan de la campagne romaine a plus d'allure que maint sénateur français. Je ne les voyais jamais sans penser à Cincinnatus; ils en ont encore l'étoffe. Un tel spectacle aide à comprendre la vieille devise *S. P. Q. R.* Je m'étais souvent demandé ce que la plèbe de Rome avait à démêler avec la majesté du Sénat. Quinze siècles après Romulus-Augustule, j'ai reconnu

Populum late regem, belloque superbum.

VL

Les Eglises.

Le voyageur fraîchement débarqué voudrait courir de tous les côtés à la fois et voir, d'un premier coup d'œil, tous les monuments. Où est le Panthéon d'Agrippa? Où est le Capitole? Où le Forum. le Colysée, le palais des Césars, le temple de Vesta, l'arc de Janus. les Thermes de Caracalla? Et les Catacombes? Et les basiliques? Et Saint-Pierre? Et le Vatican? Les premiers jours sont employés à satisfaire ce désir confus, mais irrésistible. Après ces courses fatigantes. épuisantes, moins par la peine physique qu'elles causent que par l'excès d'enthousiasme qu'elles éveillent, le voyageur revient à ses débuts, pour revoir toutes choses avec réflexion et sentiment. Les réflexions qu'appellent et les sentiments qu'inspirent les monuments païens ont un intérêt que nous ne méconnaissons pas et une portée que nous nous réservons d'indiquer. A moins cependant qu'on ne veuille en faire une étude érudite, il est impossible d'y trouver long-temps un attrait sympathique pour une âme chrétienne. Tous ceux qui en ont parlé ont écrit de gros livres comme Ampère, composé une ode comme Gœthe, ou ont été condamnés à l'enthousiasme saugrenu d'un Dupaty. La foule qui ne se porte que là où l'attache le plaisir, ne fait que passer devant les monuments païens. Ce qui l'attire. ce qui la retient, c'est la Rome chrétienne; et, dans cette Rome surnaturelle. ce qui l'attache par-dessus tout, ce sont les églises.

Les églises! voilà la grande curiosité de Rome. Il y en a, en tout. de trois cent cinquante à quatre cents. La plupart sont construites sur le même plan et dans le même style. Les plus remarquables sont connues par la gravure, la photographie et la description littéraire. Le grand attrait qui vous y rattache, c'est que chaque église est *une Rome en abrégé*, une petite ville dans une grande. On y retrouve tous les monuments anciens qui ont fourni souvent l'appareil de construction et les colonnes de marbre antique; les catacombes qui ont envoyé aux autels la relique des martyrs; les musées, représentés là par des statues et des tableaux, et même les personnages historiques, puisque, depuis saint Pierre. les papes, les cardinaux et autres illustres représentants de l'Eglise. dorment sous les dalles des sanctuaires. Les églises de Rome, voilà cette cité sainte que le vieillard vierge de Pathmos vit descendre du ciel, cette Jérusalem nouvelle que Dieu a bâtie. cette épouse ornée que le Ciel réservait aux papes. En les visitant, il n'est plus besoin d'un miracle pour qu'on dise : *Ecce tabernaculum Dei cum hominibus :* C'est ici bien évidemment l'arche d'alliance!

Quant aux agréments d'architecture que notre génération d'artistes recherche beaucoup trop dans les églises, il faut, pour les apprécier, connaître les principes de l'esthétique italienne.

Nous autres. gens du Nord, habitants du pays des brumes, nous avons adopté définitivement, pour nos églises, le genre ogival. Le trait. caractéristique de ce genre. c'est l'élancement des formes ; son but, la spiritualisation de la matière. Dans une église gothique, le sens de la vue, l'œil de l'esprit et l'élan du cœur ne sont point arrêtés par des objets sensibles ; nous ne supportons ces sortes d'objets qu'autant qu'ils soulèvent l'âme par delà les sphères terrestres et lui entr'ouvrent les cieux.

Les hommes du Midi, les privilégiés du ciel bleu et du beau soleil, n'ont pas adopté, comme nous, l'idée de simuler, par les lignes fuyantes des temples, l'immensité de l'étendue. Sans renoncer au principe, d'application nécessaire dans une église, d'avoir toujours une fenêtre ouverte du côté du ciel, ils ont voulu borner aux objets présents le culte de l'adoration. Au-dessous du dôme, figure de l'Empyrée, s'élève l'autel majeur. foyer d'attraction des cœurs pieux. Du chœur jusqu'au vestibule, ce ne sont, de chaque côté. que chapelles, autels adossés à des murailles sans ouverture. Sur ces autels et dans ces chapelles se déploie toute la profusion de luxe que peut comporter le lieu saint. Cet or, ces pierreries, ces toiles étincelantes. ces statues encombrées de splendeurs, voilà ce que réclame et ce qui enthousiasme la piété italienne. Sans doute, les peuples de la péninsule, par là qu'ils sont chrétiens, adorent Dieu en esprit et en vérité. Mais ce Dieu invisible qu'ils adorent, ils veulent le voir représenté par des emblèmes sensibles. et si leur pensée perce la nue pour aller, par delà l'éther, se prosterner devant le trône de l'Eternel, leur sentiment amoureux demande à s'épancher aux pieds d'une Vierge couronnée de gloire. Leur dévotion s'alimente au spectacle du réel ; elle aime à jouir, si j'ose ainsi dire, d'une manière sensuelle des délices du Dieu vivant.

D'après ces goûts bien connus, les architectes bâtissent encore aujourd'hui les églises. De gothique, de rayonnant. de flamboyant. ils n'en ont pas l'idée. Point de ces porches mystérieux, de ces rosaces triomphales. de ces forêts de colonnes, de ces voûtes lointaines et de nos demi-jours touchants. Partout des marbres étincelants sous un brillant soleil, partout des temples, grecs par la forme, luxueux par l'ornementation, et dans tous aussi des foules ardentes qui aiment Dieu comme un père, qui le servent parfois avec sans-gêne, qui du moins reviennent toujours à lui, comme l'enfant prodigue.

On peut d'ailleurs expliquer ce luxe par des idées mystiques. En règle générale. tout ce qui est offert à Dieu en signe d'adoration, et c'est le cas des ornements d'église, est sanctifié par sa destination. Quant aux principes de goût qui doivent présider à la distribution de ces ornements. ils doivent se prendre du double état de l'humanité, l'état de chute et l'état de régénération. Au premier correspondent les signes d'abaissement et de tristesse ; au second, les marques de joie et d'espérance. Dans nos églises, une sévérité qui incline davantage à la tristesse et à la mélancolie, sied mieux à la gravité de nos goûts et aux exigences de notre caractère. A Rome, au centre de la catholicité, l'idée de la réhabilitation a une plus large part que le souvenir de la chute. Là, sur le théâtre même du triomphe, on se plaît davantage à ces splendeurs qui réveillent, par l'éclat de la matière, la pensée des splendides destinées de l'homme. Tout homme qui a le sentiment des transformations opérées dans l'homme par la croix, ne contredira point ces préférences. Ceux qui gardent plus au cœur le sentiment de la faiblesse y contrediront moins encore; car si l'homme a besoin tout à la fois d'être abaissé et relevé, la crainte lui est pourtant moins salutaire que l'espérance.

En exposant ces données de l'esthétique italienne, je ne les juge pas; je dis seulement qu'il est nécessaire de s'y rattacher pour apprécier les églises de Rome. Des hommes de goût ont commis cette faute. par là qu'ils admettaient l'ogival comme l'archétype du beau, de condamner en bloc toutes les églises d'Italie. D'autres hommes, au-delà des monts, de haut goût aussi, condamnent en bloc toutes nos cathédrales parce qu'elles n'ont, avec les basiliques de Rome, de commun que la destination. Sans doute les Italiens n'ont pas construit leurs églises pour les Français; sans doute aussi les Français n'ont pas construit les leurs pour les Italiens. Mais puisqu'ils ont adopté des genres différents, il faut, pour les juger, tenir compte des besoins qui en ont inspiré le choix, et accepter les principes qui en ont dicté l'exécution. Et alors on pourra dire qu'on peut admirer la cathédrale de Reims sans tenir Saint-Pierre pour une œuvre de barbarie.

VII.

Les Catacombes.

Avant de prier dans ces églises. les chrétiens de Rome priaient dans les catacombes. Ces catacombes sont une des merveilles du monde.

> Oh! oui, j'ai visité les saintes catacombes
> Des temps anciens;
> J'ai touché de mon front les immortelles tombes
> Des vieux chrétiens;
> Et ni l'astre du jour, ni les célestes sphères,
> Lettres de feu,
> Ne m'avaient mieux fait lire en profond caractères
> Le nom de Dieu.

Ces catacombes qui. mieux que le spectacle de la nature, confessent le nom de Dieu, sont des souterrains creusés sous les collines de l'*agro romano* pour servir de refuge et de sépulture aux premiers chrétiens. On en compte environ soixante. D'après les calculs du P. Macchi, leurs corridors, placés sur une seule ligne, mesureraient trois cents lieues. Les plus célèbres catacombes sont, sur la rive droite du Tibre : celles de Saint-Pierre, des SS. Procès et Martinien et de Pontien ; sur la rive gauche : celles de Sainte-Priscille, de Sainte-Agnès, de Saint-Laurent et de Saint-Callixte. Leur origine est contestée parmi les savants ; l'opinion la plus probable, c'est qu'elles furent l'ouvrage des chrétiens et ne furent jamais affectées qu'à leurs services. L'intérieur de ces souterrains est difficile à décrire : « On peut du moins se représenter vaguement des labyrinthes presqu'indescriptibles, dans lesquels cent chemins droits, obliques. brisés, sinueux, serpentent, se coupent et s'entrelacent à l'infini. » (1) Leur destination s'explique d'elle-même. Le long des galeries on retrouve encore les sépultures des chrétiens et des martyrs ; on n'en compte pas moins de six millions. Là où les galeries s'élargissent. elles forment des salles réservées pour les offices du culte, pour l'instruction des catéchumènes, ou simplement pour le logement ordinaire de la foule. Les premiers papes y vécurent. Sous leur houlette, s'y succédèrent, pendant trois cents ans, les multitudes anonymes de nos pères dans la foi. Du sein de ces multitudes sortit l'innombrable légion des martyrs.

La religion des tombeaux fit de ces catacombes l'objet d'un culte. Jusqu'au VIᵉ siècle, nous voyons les chrétiens les visiter pour apprendre près de la sépulture des Saints, à marcher sur leurs traces. Dans la suite. par les malheurs des temps, plusieurs souterrains furent oubliés ; d'autres furent fermés par des éboulements, et au XVIᵉ siècle on ne vénérait plus que les grottes sacrées de Saint-Pierre. Dieu avait-il

(1) Mgr Gerbet : *Esquisses de Rome chrétienne*.

permis cet oubli pour mettre plus en relief la grandeur du prince des
Apôtres, nous l'ignorons. Au xvi° siècle où le dogme de la principauté
pontificale fut plus vivement attaqué et après lui tous les autres, les
catacombes s'ouvrent. Les martyrs se lèvent de leurs tombes oubliées
et viennent, la palme à la main, confesser encore une fois le *Credo*
pour lequel ils sont morts. Au xviii° siècle, les attaques de l'impiété
redoublent d'audace, et après avoir nié la révélation évangélique, se
prennent aux vérités fondamentales de l'ordre naturel. Les catacombes
s'ouvrent de plus grand et les martyrs viennent confondre les nouveaux
païens. Malgré de grands travaux, il reste encore deux tiers des catacombes à fouiller. Ces travaux se poursuivent sous l'inspiration de
Dieu et la direction des papes. D'autres martyrs continueront de se
lever du sein de la mort pour élever contre d'autres erreurs le victo-
rieux témoignage de confesseurs qui ont su mourir.

Un écrivain ecclésiastique a posé cette question : Pourquoi cette résurrection des catacombes? Et, en réponse, il dit que le ciel l'a voulue
pour fournir de reliques les autels pillés par les apôtres fanatiques du
protestantisme et par les brigands de la révolution. Cette raison est
pieuse, mais elle paraît peu solide, ou du moins on ne peut lui attribuer qu'une importance secondaire. Au train dont va le monde, l'Eglise
ne manquera jamais de reliques parce qu'elle ne manquera jamais de
martyrs. Son sang coule toujours sur quelques points du globe : hier,
en Chine; aujourd'hui en Cochinchine et en Pologne, demain dans
une autre contrée. La révolution et le protestantisme eux-mêmes ont
fait assez de martyrs pour remplacer les ossements détruits par leur
aveugle fureur. L'Angleterre, l'Allemagne, la France ont été, à cet
égard, presqu'aussi fécondes que les pays infidèles. Qui sait si la terre
des martyrs, aujourd'hui en deuil, ne verra pas elle-même les verges
qui frappent son clergé se convertir en manches de haches, et ses prêtres verser leur sang comme nos premiers aïeux !

Sans contester entièrement cette raison, car enfin on ne peut oublier
que Dieu, magnifique dans ses saints, a voulu, même sur la terre,
glorifier les martyrs, il paraît qu'il y a lieu de prêter d'autres motifs
à sa Providence.

Les catacombes servaient aux sépultures et aux exercices du culte ;
les pierres des tombeaux étaient elles-mêmes souvent des pierres d'autel. On y trouvait donc tous les objets nécessaires à la sainte liturgie ;
non-seulement l'autel, mais le bénitier, le baptistère, le confessionnal,
la table de communion, les dyptiques d'autel, l'école, le banc du caté-
chisme. Autant que le permettaient le secret de la discipline et l'obscurité de l'endroit, on avait rappelé par des inscriptions, par des emblèmes, par des signes touchants, tout ce qui pouvait aider à l'édifica-
tion des fidèles. Les préceptes de la foi, les devoirs du salut, les nobles
espérances de la vertu et de la foi, tout s'y trouvait indiqué par le dé-
tail. Les plus ignorants, les hommes du peuple, les enfants, les femmes, pouvaient aisément s'y instruire. Le baptême était représenté
par le passage de la mer Rouge, par l'eau du rocher, par le poisson
et par l'aveugle-né. La confession trouvait son symbole dans la conversion de la Samaritaine et dans la guérison du paralytique.
L'Eucharistie paraissait sous les emblèmes de l'année d'abondance

expliquée par Joseph, de la manne, des grappes de raisin et de la multiplication des pains. Adam et Eve devant l'arbre défendu qu'entoure le serpent, c'était la proclamation de la chute originelle. Caïn et Abel montraient la distinction des bons et des méchants. L'arche figurait l'Eglise. Moïse et Jésus-Christ représentaient les deux Testaments. Joseph ensevelissant Jacob, Job sur son fumier, Élie sur son char, Samson enlevant les portes de Gaza, David tuant Goliath, Jonas sous l'arbuste, Lazare sorti du tombeau, rappelaient autant de vertus. Les fleurs marquaient les prières; les fruits, la grâce obtenue. La colombe était la messagère de l'espérance. Les oiseaux sans palme étaient l'image des âmes bienheureuses. Le bœuf exprimait le sacrifice des martyrs; le cheval, la rapidité de la vie; le cerf, le désir du ciel; le coq, la vigilance ou le repentir; l'olivier, la paix; l'ancre, le salut; le cyprès, la mort; la palme et le laurier, c'était la victoire et l'immarcescible couronne.

En découvrant ces témoignages, Dieu a voulu glorifier les premiers chrétiens, surtout les martyrs, il a voulu aussi se glorifier; il a voulu confondre l'audace de l'impiété et offrir à la foi une surabondance de lumière. « Dieu, dit Bossuet, a besoin d'avoir raison »; mais il dédaigne de raisonner. En présence de la méchanceté qui s'obstine ou de la faiblesse qui s'égare, il en appelle aux faits. Les faits, voilà son langage; et en parlant avec cette invincible autorité, il fait aller de pair la miséricorde et la justice. Venez maintenant, hérétiques; et vous philosophes, approchez; descendons dans ces catacombes, lisez ces inscriptions, interprétez ces symboles, consultez ces cendres, preuves magnifiques du néant de toute chair et d'une irrésistible espérance. Et puis après confessez que la lumière a lui dans les ténèbres; reconnaissez que ces chrétiens des premiers siècles croyaient tous les dogmes niés par l'hérésie, croyaient surtout ces grandes vérités mises en péril par le libre examen.

La conversion d'une âme est surtout l'œuvre de la grâce; et comme la grâce ne fait point violence à notre libre arbitre, il est tristement vrai que nos misères et nos crimes font souvent résistance à la grâce. Toutefois il est permis de croire que dans ces foules pécheresses, il est des âmes pures; et il faut bien espérer que l'amertume du péché prépare toujours à la grâce de nouvelles recrues. Rien, ce nous semble, ne peut hâter aussi heureusement cette maturité des âmes devant Dieu que l'enseignement des catacombes. On y sent la bonne odeur de Jésus-Christ. En ouvrant les tombes des saints, il s'en est exhalé souvent la suavité des parfums. Ce miracle est intermittent dans les saintes grottes, ou plutôt il y est comme un fait de nature. Pour ce motif, l'Eglise fait fouiller, depuis trois siècles, les grottes sacrées; et, à mesure qu'elles se fouillent, elle veut que des œuvres monumentales enregistrent les découvertes. Bosio, le Christophe Colomb des catacombes, a eu pour successeurs Arringhi, Boldetti, Marangoni, Macchi, Rossi et autres Champollions de ces hiéroglyphes. Qu'il nous soit permis de former un vœu, c'est qu'un abréviateur intelligent résume ces travaux et nous donne la *Théologie des Catacombes*. Nous augurons de cette publication de grands fruits de salut : *Ossa arida, audite verbum Domini.*

VIII.

Saint Pierre au Vatican.

La basilique de Saint-Pierre est, sans contredit, la plus belle des églises de la ville et du monde.

A ceux qui ne l'ont pas vue, il est impossible d'en donner une idée ; à ceux qui l'ont vue, il est impossible d'en parler bien.

Mais cette basilique fait naturellement penser au pêcheur de Bethsaïde, et le souvenir de cet humble pêcheur jette toujours l'esprit dans la contemplation d'une des œuvres les plus étonnantes qui soient sous le ciel.

Au xvie siècle, les réformateurs à rebours du protestantisme, pour justifier leur révolte contre l'Eglise, disaient que saint Pierre n'était point venu à Rome. On sait que les controversistes catholiques répondirent à cette assertion irréfléchie par des preuves tellement palpables que les protestants durent y renoncer. Aujourd'hui, des auteurs turinois, pour arriver à un autre but, reprennent l'arme brisée du protestantisme. Nos théologiens, le P. Perrone en tête, répondent, avec le succès de leurs devanciers, en invoquant le double témoignage de la tradition et des monuments.

Pour ma part, je me sens humilié dans mon bon sens d'homme, en pensant aux arguties des théologastres. Mais prenons les choses d'un peu plus haut.

En ce temps-là, Jésus dit à ses Apôtres : « Que pensent de moi les enfants des hommes ? — Les uns disent que vous êtes Moïse, les autres Elie, Jérémie ou quelque autre prophète. — Et vous, qui dites-vous que je suis ! — Alors Pierre prenant la parole : Vous êtes le Christ, le Fils du Dieu vivant. — Sur quoi, Jésus : Vous êtes heureux, Simon, fils de Jonas, parce que ce n'est ni la chair ni le sang qui vous ont révélé cette réponse. Eh bien, moi, je vous dis : Vous êtes Pierre, et sur cette pierre je bâtirai mon Eglise. et les portes de l'enfer ne prévaudront pas contre elle. Et je vous donnerai les clefs du royaume des cieux, et tout ce que vous lierez ou délierez sur la terre sera lié ou délié dans les cieux. »

Par ces paroles, Jésus fait du fils de Jonas la pierre angulaire de son Eglise, c'est-à-dire le prince du collége apostolique et le chef spirituel de l'humanité ; il lui prédit que malgré l'élévation de sa dignité souveraine. il sera toujours persécuté dans l'exercice de son ministère, mais, par la grâce de Dieu, vainqueur de toutes les persécutions.

Voilà le texte et le sens de la prophétie consignée dans les saints Evangiles ; maintenant en voici l'accomplissement très-visible encore aujourd'hui à Rome.

Saint Pierre prêche à Jérusalem, prêche à Antioche et vient enfin à Rome. Après vingt-cinq ans de séjour dans cette dernière ville, il est saisi, jeté dans une prison, mis en croix et ses restes sont ensevelis dans la profondeur d'une montagne. Démenti formel donné par Néron à Jésus-Christ.

Quelques années plus tard un autre Simon, pontife des Juifs comme le premier était pontife des chrétiens, est jeté dans la même prison et également mis à mort. Même fin, pour les deux princes des prêtres, mais quelle différence dans la fécondité de leur trépas !

Le dernier est mis sous le sceau du sépulcre et sa froide dépouille, bientôt cendre et poussière, subit la commune destinée des restes mortels. La ville où il avait exercé le pontificat de la synagogue, livrée à la plus effroyable dévastation, est laissée déserte par les survivants du judaïsme, et ces débris d'un peuple prédestiné s'en vont errants sur la terre, sans patrie et presque sans Dieu.

Le premier, après la mort du Fils de l'Homme, a porté à trois villes le bienfait de son apostolat; les trois villes en profitent avec l'empressement qui suit partout les grands ouvriers du ciel. Cependant, tant que Pierre est libre, il ne fait rien, comme semeur de paroles saintes, qui le distingue essentiellement des autres apôtres. Mais à peine est-il saisi, chargé de chaînes, plongé dans un cachot, attaché à une croix, mis au tombeau, c'est-à-dire *assujetti à toutes les conditions de l'impuissance humaine*, que sa vertu éclate. Les chaînes lient ses mains, et ses mains font des conquêtes; le cachot empêche le mouvement de ses membres et l'énergie surnaturelle qui s'en échappe ébranle le temple de Jupiter tonnant; son sang coule, mais un sang vainqueur; et sa cendre enfermée dans un frêle tombeau est la pierre d'appui du plus solide des trônes. Telle une semence merveilleuse, mise sous le pressoir, plus elle est comprimée, broyée, réduite en poudre, plus elle verse en abondance et l'huile, et le vin et les doux parfums.

Le doigt de Dieu est ici, et son assistance miraculeuse est visible dans tous les siècles. Mais il faut descendre aux détails et déduire nos preuves.

Saint Pierre, surpris par les satellites de Néron, est plongé dans la prison Mamertine, terrible encore aujourd'hui après les mystères de grâce dont ses murs ont été les heureux témoins. Dans cette prison il est gardé à vue par des soldats. Au premier mouvement, il serait écrasé sous leur lourde épée. Le prisonnier parle, ses gardiens l'écoutent : ils sont convertis. Mais il faut de l'eau pour leur conférer la grâce du Baptême. Pierre frappe du pied la terre, il en jaillit une fontaine. La concavité de la prison devient la cuve du baptême. Les premiers baptisés amènent d'autres néophytes. Pierre baptise dans l'eau ceux qui le suivront au martyre, et les dernières conquêtes de son zèle sont les prémices de sa gloire.

Saint Pierre est attaché à la croix. Par respect pour son Sauveur il n'a pas voulu être crucifié la tête en haut; par amour pour son Dieu, il a voulu voir le ciel jusqu'à son dernier soupir. Mais Dieu et Jésus-Christ en lui inspirant ce dernier acte d'amour et de foi, ont voulu lui laisser un dernier moyen de faire des conquêtes. La tête en bas, les bras plus près de terre, Pierre est un doux et formidable vainqueur.

Les mains tendues vers ses disciples, il les appelle à marcher sur ses traces, à mourir pour attester leur foi, et trois siècles durant, les martyrs du Christ mêleront leur sang à celui de Pierre. Les mains tendues vers les monuments des impuretés païennes, il les menace de sa puissance, et ces monuments commencent a trembler sur leurs bases. Etonnantes merveilles, saint Pierre mis à mort par Néron, les successeurs de Néron mettent à mort les successeurs de Pierre, et c'est le crucifié qui reste maître du champ de bataille. L'instrument de son supplice est comme une machine irrésistible qui renverse l'empire de la force et établit l'empire de l'amour. Les Césars s'entregorgent. Les Barbares viennent saccager les monuments. Sur les grandes eaux retentit le cri fastique : Le grand Pan est mort!... Et sur les ruines de Rome païenne, le batelier crucifié par Néron, amarre sa barque pour les siècles.

Saint Pierre est inhumé dans le cimetière du Vatican, mais couché dans les substructions de l'édifice chrétien, il porte sur sa poitrine tout le mole de l'Eglise, et loin d'en être écrasé, il tient d'une main ferme et active les clefs du royaume des cieux. C'est à ce tombeau que je reconnais Pierre. La voilà cette pierre angulaire qui relie l'Ancien au Nouveau Testament, les Juifs aux Gentils, les Grecs et les Romains aux Barbares. l'Orient à l'Occident, le Nord au Midi, le nouvel hémisphère à l'ancien monde. Pierre précieuse d'où découlent tous les biens, mais surtout *pierre éprouvée*, car c'est sur elle qu'ont pesé les efforts de tous les ennemis de l'Evangile. Ni les Juifs ni les Romains n'ont pu l'ébranler, alors que, nouvellement posée, elle semblait plus facile à renverser. Et depuis dix-huit siècles, elle a résisté aux persécutions les plus cruelles, aux hérésies les plus puissantes, aux jalousies et aux schismes de l'Orient, aux guerres acharnées des Sarrazins et des Turcs, aux usurpations des antipapes, aux vices de quelques pontifes indignés, aux séditions des peuples et aux querelles des factions, aux dissidences et à l'apostasie d'une partie de l'Europe. à la conspiration immense du philosophisme, aux ravages et aux cruautés des révolutions modernes, aux dédains insolents de l'indifférence érigée en système, enfin à l'assaut général du rationalisme.

En résumé, il n'y a, à Rome, de saint Pierre que sa prison, ses chaînes, sa croix, son tombeau... et sa chaire contre laquelle n'ont pu prévaloir les portes de l'enfer, son trône, sur lequel s'assied encore le plus grand des princes, celui qui partage avec Dieu l'empire du ciel?

Que peuvent, contre ce fait flagrant, des archéologues de contrebande?

IX.

Les Monuments païens.

Pierre atteste encore aujourd'hui sa présence ; il est d'autres témoins qui confirment sa déposition, ce sont les ruines des monuments païens.

Rome chrétienne est un établissement, je dirais presque une création spirituelle des papes. Mais avant Rome chrétienne, il y avait une Rome païenne, la Rome de Romulus et de Numa, de Brutus et des Scipion, de Pompée et des Césars. Par une disposition divine, cette Rome préparait les voies à l'autre et surtout rendait évidente, par ses désordres, la nécessité de son institution. Je n'insiste pas sur ce principe.

Rome païenne, la ville de la force et de la conquête, était maîtresse du monde lorsque Rome chrétienne naissait dans les catacombes. A l'apogée de la puissance, Rome impériale s'était couverte de monuments qui attestent encore, après dix-huit siècles, l'incomparable éclat de sa majesté. L'archéologue qui les relève de leurs ruines et les rétablit, par l'imagination seulement, dans l'état de leur splendeur première, est ébloui de cette apparition. Le savant qui veut y étudier la marche et le symbolisme de l'art antique n'y trouve pas de moindres sujets de satisfaction. A l'origine, on voit les Etrusques, les Pélasges, les Sabins, les Latins apporter chacun ses formes d'architecture. Sous la république, les constructions gardent l'austérité des mœurs. Sous les triumvirs, l'art cherche l'idéal de la beauté dans la proportion des formes et l'imitation du grec. A partir des Antonins, le grandiose prend la place du beau et le grandiose ne tarde pas à se laisser supplanter par la barbarie.

Le sens moral des édifices va de pair avec le développement des formes artistiques. Sous la république, on creuse les égoûts, on perce les voies, on bâtit les aqueducs et surtout on élève des temples. Sous les Césars, on ne songe plus qu'à des cirques, des amphithéâtres, des thermes, c'est-à-dire à des théâtres de débauche. Dégradation de l'homme et décadence de l'art, tel est le bilan final de Rome païenne.

Cinq ou six monuments représentent particulièrement ce sens moral de l'empire des Césars : le Panthéon d'Agrippa, dédié aux douze dieux de l'Olympe et aux vices que symbolisaient ces dieux ; le Capitole et la roche Tarpéienne, les deux garants de la fortune de Rome ; le palais des Césars, bâti sur le Palatin, près du figuier de Romulus ; le Colysée et le môle d'Adrien ; les Thermes de Caracalla et de Dioclétien.

Un empire qui commandait à l'univers, des temples qui avaient la foi de tous les peuples, des princes qui commandaient à tous les soldats du monde civilisé, des lois qui caressaient toutes les passions, des

merveilles architecturales qui ravissaient tous les sentiments de l'âme :
voilà ce qu'a renversé un pêcheur de Bethsaïde.

Quand je dis renversé, je veux dire transformé, je veux dire qu'une
autre pensée s'est produite sous l'enveloppe matérielle, qu'un sentiment élevé a changé la destination des édifices.

Le Panthéon, centre de toutes les erreurs et de toutes les corruptions
du Paganisme, dédié à tous les saints sous l'invocation de la Vierge,
est le temple de toutes les vertus du Christianisme.

Le temple de Jupiter Capitolin, point culminant de l'orgueilleuse
domination de Rome, est remplacé par l'église Franciscaine d'Ara-
Cœli : l'église de la Crèche, des abaissements de l'Homme-Dieu, du
mépris des grandeurs du monde.

Le Colisée, le réceptacle de toutes les fureurs et de toutes les orgies,
nous offre la croix, instrument vénéré de la Rédemption et les stations
du Calvaire, instruments chéris de la pénitence.

Notre-Dame des Anges et l'école des Frères se sont installées dans la
pinacothèque des Thermes de Dioclétien. La maison d'or de Néron....
Etiam periére ruinæ!

Tout ce qui ne pouvait pas entrer dans l'œuvre sainte du pêcheur
d'hommes, a été dédaigné comme une matière vile ou saccagé par la
fureur aveuglément intelligente des barbares.

Sous ces débris, une juste vengeance avait enfoui les restes mutilés
des Césars et des dieux. Depuis trois siècles, la douce main des papes
les tire de l'obscurité et les range dans les musées, avec un soin pieux,
afin que ce qui n'a pu servir à l'œuvre de Pierre, serve, à l'heure de
Dieu, pour la manifestation de son triomphe.

En parcourant les incomparables musées du Capitole et du Vatican,
vous voyez d'immenses galeries pleines de statues des dieux, des em-
pereurs et des philosophes.... Ce sont des vaincus !

Oui ! Saturne, Jupiter, Junon, Bacchus, Mercure, Mars, Vulcain,
Neptune, Apollon, Diane, Vénus sont des vaincus. Le monde a cru à
la parole de Pierre ; il croit aux mystères de la révélation ; il croit surtout aux vertus qui découlent de ces mystères ; et la pudeur et la
tempérance, et la justice seront désormais l'objet d'un culte, et malgré toutes les tentatives de résurrection, jamais ces dieux vaincus ne
soulèveront la pierre de leur tombeau.

Oui ! César, Auguste, Néron, Trajan, Septime Sévère, Dioclétien
sont des vaincus. Le monde a cru à la parole de Pierre; il croit à l'o-
rigine divine du pouvoir, à la mission sainte de l'autorité ; et la justice, et la charité, et toutes les vertus sociales seront désormais l'objet
d'un culte sans que jamais ces césars ignobles et illustres puissent
soulever la pierre de leur tombeau.

Oui ! ces philosophes, dont vous admirez les bustes expressifs, sont
des vaincus. Le monde a cru à la parole de Pierre ; il croit à l'existence
de la vérité, au principe de la certitude, aux lois du cœur et de la raison ; et Dieu sera l'objet d'un culte, et l'âme sera un objet de culture,
et la logique et la morale seront désormais de saintes sciences sans
que jamais ni Aristote, ni Platon, ni Cicéron, ni Sénèque, puissent soulever la pierre de leur tombeau.

Et vous, voyageurs, qui découvrez, dans les ruines de ces monuments, la marque de la puissance romaine, le signe de sa triomphante grandeur, apprenez à y découvrir aussi le signe de sa décadence et marque éternelle de sa ruine. Rome a eu des voies qui sillonnaient le monde, des aqueducs qui allaient chercher l'eau à vingt lieues, des thermes où quatre mille baigneurs pouvaient se délasser simultanément, des théâtres où paraissaient les bêtes féroces, les gladiateurs et les martyrs ; elle a eu César, Cicéron, Jupiter, et Rome est morte ! Tant de richesses n'ont pas pu la soutenir ; elles ont même été la cause principale de sa ruine. Rome n'est pas tant tombée sous les coups des barbares que détruite de ses propres mains ! Ci gît Rome païenne ; tous ses monuments sont des pierres sépulcrales... Et le pêcheur de Galilée, le vainqueur de Rome, Pierre, est assis tranquillement sur sa chaire, en attendant les grandes assises de l'éternité.

X.

La Procession du Corpus Domini.

J'ai vu, à Rome, la procession de la Fête-Dieu. C'est une procession remarquable, faite, comme tout ce qui se voit de religieux à Rome, pour reposer l'âme et pour l'agrandir.

Ce n'est pas qu'on y fasse, comme s'imagine le vulgaire, exhibition de soie et d'or. Rome a trop de dignité pour s'affubler d'oripeaux, trop de simplicité pour ne pas dédaigner les dehors d'une fausse magnificence. Tout y est simple sans négligence, digne sans afféterie; un grand sens préside à la disposition de ces cérémonies.

A la tête du cortège marchent, en soutane blanche, les petits enfants élevés dans les orphelinats de Rome, aux frais de la charité. A Rome, tous les orphelins sont réputés enfants du Pape et traités comme tels. Des maîtres, pleins de zèle, les élèvent avec un soin religieux. Aux grandes fêtes, ils les produisent pour le relief de l'Eglise. C'est la petite armée de l'innocence faisant garde d'honneur à la Chaire Apostolique.

A la suite des orphelins marchent, sur deux lignes et chacun à son rang d'ancienneté, les différents ordres religieux. Vous voyez défiler, sous leur costume symbolique, les Franciscains, les Dominicains, les Trinitaires, les Carmes, les Capucins, tous les frères de toutes les religions, excepté, je crois, les Jésuites. Chaque frère porte un cierge et chante l'hymne du Saint Sacrement.

Après les ordres religieux viennent les paroisses des basiliques. Vous les reconnaissez à leurs pavillons respectifs, à leurs croix, à leurs bannières, à tous les insignes du saint sous le vocable duquel elles sont instituées.

Après les paroisses, les généraux d'ordres avec leurs assistants, les cardinaux, enfin le Pape, entouré du personnel de sa maison, portant le Dieu caché sous les espèces du pain.

A la suite du Pape éclatent toutes les grandeurs civiles et militaires de la chrétienté. Chaque nation est représentée là par son ambassadeur. Et la noble France y est représentée par sa vaillante armée. C'est ici une profusion de richesses, un déploiement de forces qui contraste, de la manière la plus vive, avec l'humilité des paroisses, des religieux et des orphelins.

Mais c'est ici qu'est le grand sens de la procession.

Les rois de la terre ont des soldats, des bataillons, des armées, d'innombrables légions. Des armes de toutes sortes sont mises aux mains de ces bataillons, et ces armes sont fabriquées avec un étonnant génie de destruction. De nobles motifs sont mis en avant pour éveiller la bravoure du soldat. Quand le drapeau se déploie, le cri de guerre retentit au sein des multitudes armées. C'est là la force des rois, mais c'est aussi leur faiblesse.

Le Pape, lui, n'a pas d'armée; il ne voit autour de lui que quelques rares soldats, recrues généreuses auxquelles il confie la police de son royaume. Mais il a, pour sa défense, des armées de moines, d'innombrables légions d'anges terrestres. Les haires, les fouets, les disciplines, voilà les armes de ses soldats. La prière, le jeûne, l'obéissance, la chasteté, toutes les œuvres de dévouement, sont leurs champs de bataille. De nobles desseins éveillent leur énergie. Ils rêvent, ces nouveaux conquérants, la transformation du monde. Quand les bannières saintes sont déployées, quand le Vicaire de Jésus-Christ appelle au combat, alors les jeûnes et les prières se multiplient au sein de ces multitudes consacrées. C'est là la faiblesse du Pape, mais c'est aussi sa force.

C'est par cette force morale que le Saint-Siége triomphe de toutes les résistances de la force physique.

J'ai dit force et faiblesse, car il y a des deux de part et d'autre. La faiblesse de la force physique, c'est qu'elle est par elle-même stérile et qu'elle provoque les représailles d'une force supérieure. La faiblesse de la force morale, si puissante quand elle ne se relâche pas, c'est qu'elle peut elle-même se trahir.

L'homme marche ici-bas entre deux abimes; celui qui est debout doit toujours prendre garde de tomber. Mais plus l'homme s'élève en perfection, plus l'abime acquiert autour de lui de profondeur. Or c'est l'ordinaire condition des grandes âmes d'être assaillies par de terribles tentations. Si elles cèdent, elles ne tardent pas à se dégrader et à livrer, par leur dégradation, les saintes causes dont la vertu est toujours le garant. N'y aurait-il pas, dans les épreuves actuelles de la Papauté, un signe de l'affaiblissement de quelques instituts monastiques en Italie?

Que les dignes frères de Rome compensent ces défections par un redoublement de piété et un accroissement de vertus. Des vertus, des prières, voilà l'arme offensive et défensive du Saint-Siége. Les moines portent, dans le pan de leurs robes, la fortune de la Chaire Apostolique.

Et par delà ces triomphes dont la procession du *Corpus Domini* est le symbole, il en est un autre dont elle est également l'emblème. Quand nous irons dans les airs, au-devant de ce Christ triomphant que nous escortons aujourd'hui dans l'humilité, nous saurons ce que vaut une vertu et combien peu vaut une épée.

Et alors les Anges chanteront : « Le monde a préféré le prestige de la force et l'éclat des richesses; mais ceux qui ont préféré la mortification sont maintenant dans la gloire.... Et Pierre qui avait vaincu par sa croix Rome, les Césars et les Dieux, Pierre a continué de vaincre, dans tous les siècles, les Dieux et les Césars, par la croix des cénobites. »

N'est-ce pas là le grand mystère de l'histoire? et n'en retrouvons-nous pas l'abrégé saisissant dans la procession de la Fête-Dieu?

XI.

Le Clergé romain.

Le clergé est le corps que poursuit le plus volontiers la calomnie. Le clergé de tous les pays est généralement attaqué sans cause. Mais certainement il n'y a pas de corps ecclésiastique plus dénigré et *qui mérite moins de l'être* que le clergé romain. Grand honneur pour ce clergé que Jésus-Christ l'ait associé aux tribulations de son Vicaire.

A coup sûr, il n'entre pas dans ma pensée que tous les prêtres romains soient sans reproche. Sur douze Apôtres, il y eut un Judas ; sur dix mille ecclésiastiques que compte la ville éternelle, il en est sans doute quelques-uns desquels il y aurait quelque chose à dire.... sans compter les sacristains, chantres. sonneurs et autres officiers laïques dont la soutane ne fait pas des prêtres. Mais la foule, la grande foule, la presque totalité est sans reproche et sans peur. Il est de bon ton de lui rendre cette justice.

D'abord l'éducation des clercs est, à Rome, l'objet des plus grands soins. Rome est une ville sacerdotale ; l'œuvre des séminaires est son élément essentiel de conservation, son foyer de vie et la source nécessaire de sa prospérité. Aucune ville ne peut entrer, sous ce rapport, en comparaison avec Rome. ni pour le nombre des établissements, ni pour la distinction des professeurs, ni pour la sûreté des méthodes. En France, je ne sais pas bien si nous avons gardé partout les solides traditions ; je crains même que nous n'ayons pris, par ci par là, l'orgueilleuse routine du siècle. Le fait est qu'aujourd'hui on enseigne tout à la jeunesse.... et qu'on ne lui apprend pas grand'chose. A Rome, au lieu de donner dans la manie encyclopédique et d'éparpiller les forces, on n'enseigne sérieusement que deux choses, le latin et la théologie. Mais le clergé romain les sait, les sait à fond, à nous en remontrer ; et comme il n'a pas besoin d'autre science pour ses offices, on peut dire que nul clergé n'est aussi bien que lui à la hauteur de son ministère.

Et pourtant il n'est pas rare d'entendre parler de l'ignorance du clergé romain Un tel reproche ne peut venir que de gens incapables de l'apprécier. Le clergé romain, c'est vrai, ne connaît ni les sciences naturelles, physiques et mathématiques, ni la spéculoire, ni la spéculatoire, ni l'onirocritique, ni la suffisance, ni beaucoup d'autres choses dont il n'a que faire. Si un homme du monde veut lier conversation sur ces chapitres, il trouvera les prêtres romains à court. Et nous, qui savons parler de tout avec aplomb, en sommes-nous plus forts sur toutes ces sciences ? Quand même nous aurions des diplômes d'Académie, nous ne pouvons sérieusement reprocher à ces prêtres de ne pas connaître des choses dont ils n'ont aucun besoin.

Dans la pratique du ministère, les prêtres romains ne suivent point nos usages. En France, un curé qui ne voit pas le monde, qui ne sort pas de sa chambre, qui passe son temps à prier et à étudier, est un prêtre régulier qu'on citerait volontiers comme un modèle. En Italie, un curé de cette sorte est aussi commun que les corbeaux blancs. A Rome, le curé est dans sa sacristie du matin à midi ; de midi au soir, il va en ville. Dans sa sacristie, le curé dirige ses prêtres et ses ouailles. On vient le visiter, le consulter, lui donner des poignées de main. Hommes, femmes, jeunes gens, tout le monde se succède au paternel rendez-vous. Le curé vous reçoit avec la plus agréable mine, cause, rit, donne ses conseils, ses poignées de main et quelquefois sa tasse de café. Vous l'avez visité chez lui, dans la soirée il vous visite chez vous. Dans chaque maison il y a un prêtre ; ce prêtre est de toutes les réunions, de toutes les parties, et, chose admirable, il se comporte partout de manière à ne point sacrifier ni les principes ni les bonnes grâces. Un tel spectacle étonne d'abord notre rigidité ; mais, toute réflexion faite, n'est-ce pas bien là le propre rôle du prêtre ? Possible qu'on n'ait pas ailleurs la facilité d'imiter ces exemples : chaque pays a ses infirmités et chaque nation ses exigences : la sagesse veut qu'on en tienne compte, et la prudence qu'on s'y conforme. Mais là, franchement, ce curé bon, charmant, avec sa douceur attirante et son effusion, au milieu de fidèles pleins de foi et de déférence, ne vaque-t-il pas à ses devoirs avec plus de succès que ce curé isolé, renfrogné, aigrelet tel que je le suis moi-même tout le premier ?

En public, d'ailleurs, ces curés si répandus et si affectueux, ne se départent jamais d'une certaine majesté. La soutane, chez nous, est l'habit solennel ; là-bas, c'est un habit de dessous. Sur la soutane, le prêtre romain porte toujours le manteau ; même ceux que les devoirs de leurs charges ou les engagements de leur condition autorisent à vêtir la soutanelle, ceux-là même portent le manteau long sur la re-dingote. Avec le port grave et imposant qui est, dans les habitudes du peuple romain, vous jugez si ces prêtres manquent à leur di-gnité.

Mais la grande science du clergé romain, c'est la science du gouver-nement.

Rome païenne était le siége du gouvernement temporel du monde civilisé de l'antiquité ; Rome chrétienne est le siége du gouvernement spirituel du genre humain. Dieu avait donné aux anciens Romains les vertus nécessaires à la conquête du monde ; le Saint-Esprit a donné depuis aux apôtres et surtout à Pierre les grâces nécessaires à l'admi-nistration de la chrétienté. La science du gouvernement est une science qui s'acquiert surtout par l'exercice. Les bénédictions du Ciel d'un côté, de l'autre, la pratique, ont donc donné aux Romains en général et au clergé en particulier, je ne sais quelle science infuse du maniement des affaires et des hommes. Il y a en eux, un tempérament d'autorité, un instinct de pouvoir, un héritage séculaire de traditions gouverne-mentales. Ce don est d'autant plus visible qu'il cadre moins avec la vivacité du climat et l'énergie un peu prompte du sol natal. On l'ad-mire à Rome, ailleurs on ne le retrouve point. Ailleurs, c'est l'irréflexion, la fougue, le caprice, l'emportement ; ici la méditation continue, la mesure, le calcul, le calme. Vous touchez du doigt le *Tu, regere imperio populos, Romane, memento.*

Avez-vous une affaire à traiter? Si cette affaire ne soulève aucune difficulté, deux mots suffisent, votre affaire est entendue, une décision vous est donnée et il serait inutile d'insister. Tout au plus aurez vous à subir quelques lenteurs d'expédition, car, là, comme ailleurs. les garçons de bureau aiment mieux faire la sieste que de faire des écritures. Mais si votre demande soulève des objections, en vain la *furie française* voudrait l'emporter de haute lutte; le Romain saisit promptement ce qu'on voudrait vainement lui dérober et il aime à prendre les difficultés de front. Si l'affaire doit produire un bien sérieux et vrai, il saura courageusement passer par-dessus les obstacles, et, quand il aura pris une résolution, il saura la maintenir. Mais précisément parce qu'il n'aime pas à reculer, toutes les fois que le terrain est équivoque, il s'avance lentement. Vous le voyez aller sans précipitation, sans souci, sans crainte, attendre, tantôt du temps, tantôt de sa sagesse, toujours de Dieu, les secrets des heureuses solutions. Agitez-vous tant que vous voudrez, rien ne se fera qu'avec nombre, poids et mesure. Après tout, on a le droit d'être patient, quand on se sait éternel.

Avez-vous à traiter avec les hommes, nulle part l'accueil n'est plus facile et le commerce plus aimable. Toutes les portes sont ouvertes à deux battants, même chez les cardinaux, même chez le cardinal secrétaire d'Etat; pour le Pape seul il faut demande d'audience et l'on conçoit qu'il ne peut en être autrement. Vous ne trouvez chez personne cette plénitude de soi-même, ce sentiment hautain de sa propre personnalité qui se rencontrent si aisément ailleurs dans les hommes d'administration. Vous n'y trouvez pas davantage cette bienveillance d'étiquette polie ou cette affection purement extérieure dont il serait facile de citer ailleurs des exemples. Tout y est franc du collier et cordial sans politique. Et, gradation admirable, plus vous montez les degrés de la hiérarchie, plus vous rencontrez la bonté, la longanimité, la mansuétude. Jusqu'à ce qu'arrivant au sommet, vous disiez dans l'allégresse de la piété filiale : « Le Pape est vraiment le serviteur des serviteurs de Dieu. »

Science profonde de la théologie, admirable condescendance dans les affaires du ministère, conciliation exquise du sans-façon et de la dignité, entente parfaite de l'exercice du pouvoir : telle est en trois mots, l'exacte physionomie du clergé. On représente ordinairement S. Pierre avec la gravité qui sied au commandement et la douceur qui rend si fécond l'exercice de l'autorité. A Rome, on se persuade aisément que l'image de S. Pierre s'est reproduite à l'infini dans la physionomie du clergé romain.

XI.

Le Pape.

Je n'ai encore rien dit du Pape et pourtant de toutes les majestés
de Rome, c'est celle qui commande le plus l'attention. Invisible à la
foule, mais présent partout, c'est lui surtout que la pensée cherche,
c'est devant lui surtout que l'âme demande à se prosterner. Sur son
front, les trois couronnes ; dans son cœur, quelque chose de plus grand
encore que la plénitude de la souveraineté. Oh ! Dieu ! quel homme
qu'un Pape ! et que serait-ce qu'un voyage de Rome si l'on n'avait vu
cette face auguste ?

Mais il faut confesser notre embarras. Que dire du Pape après tant
d'autres ? Les traits de sa douce et noble figure, exactement reproduits
par la photographie, sont gravés dans tous les cœurs chrétiens. Les
particularités les plus intimes de sa vie privée et publique ont été depuis longtemps vulgarisées par les biographes. Sa principauté dans l'E-
glise, les innombrables bienfaits de la suprématie pontificale, son rôle
dans l'histoire, sa puissance dans le présent, sa mission dans l'avenir,
ont été exposés, prouvés et vengés dans une récente et grande polé-
mique. Deux points seulement restent, qui éveillent un intérêt sérieux et
résument d'ailleurs admirablement tout ce qu'on a pu dire du Pape :
Comment ses forces physiques ont-elles résisté au choc des années ?
Comment ses forces morales se sont-elles maintenues, sans défaillan-
ces, au milieu des épreuves du pontificat ?

J'ai vu Pie IX *dix jours après sa mort,* sa santé ne laissait rien à
désirer. Au moment où j'ai été admis à son audience, Sa Sainteté était
depuis trois heures sur la sellette ; les prélats de l'antichambre, qui
adorent le Souverain-Pontife, m'avaient dit que des conversations si
longues et souvent difficiles, lui auraient sans doute causé quelque
fatigue. Point : une figure pleine, une physionomie gaie, une conversation pieuse, enjouée, fine, pleine de grâce ; voilà, en stricte justice,
ce que j'ai trouvé dans ce vieillard de soixante-douze ans. Ce qui ajoute
à la surprise que cause cette robuste constitution, c'est que Pie IX res-
suscite ainsi pour la neuf ou dixième fois. Les agences télégraphiques
ne se sont pas fait faute de le tuer ; il est toujours là. Ce que j'admire,
c'est ce Pape qu'on assassine à coups de dépêches électriques et qui se
porte toujours à merveille.

Au moral, les traits saillants de la physionomie du Pape sont la
piété, la gaieté et la finesse. Une piété profonde rayonne à travers ses
discours. Un perpétuel sourire fleurit sur ses lèvres. Un sentiment
parfait de l'à-propos lui fait trouver le mot propre de la conversation,
et ce mot est ordinairement une citation des Saintes-Ecritures.

5

Mais ce qui éclate au-dessus de toutes ces grâces, c'est une sérénité qui surprend bien un peu et qu'on admire toujours.

Nous avons entendu un brochurier de mauvais style et un poète de mauvaise figure, comparer le deuil de Rome à la désolation de Troie. Le Pape était consterné, les Cardinaux erraient comme des âmes en peine dans les salles mélancoliques du Vatican, les Prélats étaient tout en larmes. Lorsque la muse antique chante la ruine d'Ilion, Hector traîné autour de ses murs, Priam égorgé sur l'autel de ses dieux domestiques, nous voyons d'un œil triste les pleurs d'Andromaque et nous prêtons une oreille sympathique aux lamentations d'Hécube. Mais quand nos petits faiseurs de la basse presse se haussent à de pareils rapprochements, nous nous sentons pressés de hausser autre chose, et nous ne pouvons que rire de cette fantasmagorie. Cependant, tout en croyant à l'inébranlable fermeté du Pape — et comment n'y pas croire? — nous ne serions pas étonnés de voir parfois son front couvert de légers nuages. Cette présomption, j'ai hâte de le dire, est sans fondement aucun. Une sérénité qui n'est pas le dédain, qui est plus que l'énergie; une sérénité intime, profonde, qui se sent et qui émeut; une sérénité qui rayonne sans amertume, ni vulgarité, ni faux contentement; voilà ce qui frappe l'observateur dans la personne du Pape. On reconnaît bien là le Vicaire de Jésus-Christ et le digne successeur de saint Pierre.

Et puisque les ennemis de l'Eglise affectent de l'ignorer, il faut en faire bien haut la proclamation.

Eh bien! oui, le Pape garde inaltérable sa sérénité. Chaque jour les demandes d'audience l'inondent : c'est un surcroît d'accablement qui s'ajoute à la sollicitude de toutes les Eglises. Il se prête à tous les désirs avec une grâce infinie. On dirait que le mot d'importunité n'a aucun sens aux yeux de sa tendresse. Lorsque la foule se précipite dans les galeries de son palais. Lui. plein de l'affabilité la plus exquise. parcourt successivement les anneaux de cette chaîne sans fin, dit à chacun de douces paroles. laisse baiser sa main et donne une paternelle bénédiction. Ni le poids des années. ni l'exagération de la fatigue, ni la surabondance des affaires, ni l'amertume des épreuves. ni les souvenirs, ni les pressentiments n'ont pu réussir à faire passer sur son front l'ombre d'un nuage. Son visage est sans cesse éclairé par le soleil, et rien n'altère la limpidité caressante de son regard; un sourire enchanteur repose sur ses lèvres ; et de sa bouche, accoutumée à distiller le miel, s'échappent à chaque pas des paroles d'où s'exhalent les plus doux parfums du cœur et les plus agréables saillies de l'esprit.

Eh bien! oui, le Pape gouverne Rome comme s'il était assuré de l'éternité. Par ses ordres, les catacombes sont explorées, des musées s'ouvrent; d'immenses travaux sont entrepris sur l'archéologie chrétienne. On fouille les ruines de Tusculum et d'Ostie, et les autres ruines dont Rome est entourée. Les basiliques inachevées sont poursuivies ; celles que le temps avait ensevelies sont exhumées. Les arts, l'agriculture, l'industrie reçoivent tous les encouragements auxquels peuvent se prêter les ressources d'un petit Etat. S'il y a de l'agitation autour de Rome, à Rome on est calme et on y gouverne avec un inaltérable sang-froid.

Eh bien! oui, le Pape gouverne le monde comme si les bruits du monde ne pouvaient arriver jusqu'à lui. Du fond de son cabinet, sanctuaire privilégié de l'Esprit-Saint sur la terre, il répond avec la même sagesse aux plus délicates consultations. Docteur universel, du haut de la chaire apostolique, Il dit ce qu'il doit dire, condamne ce qu'il doit condamner, et frappe, sans timidité comme sans emportement, toutes les erreurs.

Vieux, souffrant, accablé d'épreuves, le Pape gouverne la ville et le monde avec une incompréhensible sérénité.

Quel est donc le secret de cet étrange pouvoir? Doit-on l'attribuer à une heureuse ignorance? mais de la fenêtre du Vatican on voit l'univers; — à l'insouciance? mais le cœur du Pape est ouvert à toutes les sympathies; — à des talents personnels? mais tous les papes ne sont pas nécessairement des hommes de génie; — à la dissimulation? comme si une pareille dissimulation était possible.

Non, non; tel n'est pas le secret de ce mystère. Pour en soulever le voile il faut se reporter à la grande pensée qui domine tout à Rome, à la pensée de Pierre. Pierre et le Pape c'est tout un. Le Pape est donc le vicaire de Jésus-Christ. Or. si l'on veut bien nous passer ce tour familier, Jésus-Christ ne peut pas avoir peur, et son lieutenant n'a pas plus peur que Lui, lorsqu'il est en son lieu et place. Simon, s'il entend le murmure de la tempête et voit des montagnes d'eau submerger sa nacelle, Simon peut bien crier : « Seigneur, sauvez-nous, nous périssons, » mais Simon n'est pas Pierre. Pierre n'a pas de ces frayeurs. Le Pape dit en union avec Jésus : « Océan des choses humaines, je te connais; monde des nations, je suis chargé de te régir. Eh quoi? pourrais-tu m'intimider par tes tumultes ou m'entraîner dans tes tourbillons? As-tu donc oublié que j'exécute la consigne de mon Maitre, et que, impuissant contre Dieu, tu es également impuissant contre son Eglise. C'est pourquoi tes clameurs sont vaines et tes efforts n'aboutirout même pas à m'inspirer cette chose commune qui se nomme la frayeur. Assis sur la chaire du Prince des Apôtres, je vois l'univers rouler sur son axe tremblant, mais ses révolutions n'atteignent pas mon Siége. Livre-toi donc à tes emportements, majestueux univers, tu pourras y trouver pour toi-même des sujets de crainte; pour moi, je n'y verrai jamais un sujet d'épouvante. » Tel est l'éternel monologue du Pape. Jésus l'a choisi pour vicaire; le vicaire remplit le mandat de l'Homme-Dieu; il participe à sa force toujours victorieuse, même lorsqu'elle est vaincue, il garde sa douceur et sa sérénité.

Le Pape et l'Eglise, *c'est tout un*, dit saint François de Sales. L'Eglise, en ce monde, a une mission surnaturelle, souveraine. nécessaire. Cette mission, elle sait qu'elle doit la poursuivre au milieu des contradictions et ne la voir s'accomplir qu'au prix du sacrifice. Les persécutions ne peuvent donc ni l'étonner, ni l'affliger; elle sait que les tribulations sont *le premier objet* de ses promesses; elle sait encore mieux que les souffrances sont *l'élément nécessaire* des éternels triomphes que lui assure ici-bas la divine assistance. Les coups et blessures n'ont donc pas la vertu d'affliger un Pape; elles le remplissent, au contraire, de joie au milieu même de ses douleurs. Le Pape n'oublie pas qu'à chaque ouverture que fait l'épée dans le sein de l'Eglise, elle fait un passage à de joyeux enfantements. Eut-elle le poignard au cœur, l'Eglise a toujours le sourire sur les lèvres. Sa destinée est d'être victime pour rester reine et pour devenir mère.

En deux mots, le Pape est un homme assisté de l'Homme-Dieu, et le Pape trouve, dans toutes les épreuves, le germe d'un triomphe : voilà tout le mystère de sa sérénité.

XII.

Le Souvenir de Rome.

Tout voyage laisse après lui une impression délectable. Non pas que tout soit rose dans les pérégrinations, il s'en faut. Souvent même les contrariétés y abondent. Mais, dans l'état présent de l'épreuve, il y a, dans ces contrariétés un profit possible et, à faire ce profit on trouve un charme. De plus, il y a, à côté des contrariétés, des compensations, je veux dire la joie de voir les monuments, les œuvres d'art, les curiosités historiques, le paysage des campagnes, la silhouette des villes. Quand, d'un œil intelligent, vous avez vu ces merveilles, il en reste dans votre esprit une image vivante, dans votre cœur un souvenir plein de sympathies. Plus l'objet de votre voyage est riche en impressions de cette sorte, plus douce est sa mémoire. En sorte que chaque pays, par les effets d'amour et de lumière qu'il laisse à l'âme, manifeste sa propre vertu. L'Angleterre apparaît comme le pays de la grande culture, des traditions soigneusement conservées, du bon sens, du travail et de la puissance maritime. L'Allemagne est le pays qui garde le mieux les reflets du moyen-âge et qui se prête davantage aux spéculations de la pensée. La Suisse avec ses lacs, ses montagnes et sa simplicité pieuse, offre d'autres spectacles. Enfin l'Italie, de Milan à Venise et de Rome à Naples, l'Italie est la patrie de l'idéal, du goût et des beaux-arts. La vue de chaque pays photographie sur la membrane du cerveau sa particulière beauté. La contemplation que vous en faites dans le ciel de la pensée, c'est là, disons-nous, l'heureux fruit des voyages, la marque de l'intelligence qui en a médité les péripéties et surtout la preuve sensible des grâces qui émanent de telle ou telle contrée.

Le voyage de Rome a sa bonne part de contrariétés. Pour se rendre à la ville sainte il faut se fier aux chemins de fer et aux bateaux à vapeur. Par terre, il n'y a guère à essuyer que la fatigue; par mer, à la fatigue s'ajoutent le danger de la tempête et ce mal singulier qui incommode plus ou moins tous les passagers. A l'arrivée, vous ne trouvez pas, dans Rome, toutes ces ingénieuses combinaisons de service qui dispensent le voyageur d'intelligence et d'effort; il faut payer de sa personne, payer de son esprit et un peu de sa langue, ou plutôt de la langue des autres.. Et puis cette détestable cuisine italienne avec ses épices et ses macaronis, quelle abomination pour un Anglais; et, en ce siècle, qui n'est pas Anglais quand il faut, chose importante! dîner? Enfin l'air qui se compose partout d'hydrogène, d'oxigène, d'azote et d'acide carbonique, se compose en Italie d'un cinquième élément, ce sont de petits insectes noirs qui vous mangent quand le soleil vous a cuit à point. Et ce maudit soleil, et le coup de couteau si bien donné dans les romans et *tutti quanti.*

Malgré tous ces désagréments. Rome laisse dans l'âme un profond et délicieux souvenir. Au moment où j'écris ces lignes, il y a tantôt un mois que j'ai quitté la ville éternelle. il me semble qu'elle est plus présente à mon âme que quand je la voyais des yeux. J'ai vu beaucoup d'autres villes, j'en garde une fidèle mémoire ; je trouve à cette fidélité certains plaisirs et quelques petits. avantages. Cependant il faut dire que ces villes me laissent indifférent et jamais sans doute il ne me viendra à l'esprit de m'estimer heureux d'avoir vu Londres. Rome, à cet égard, n'est point sur le pied des autres capitales. J'ai vu Rome. j'en jouis, c'est un bonheur. Par des canaux invisibles, que les anges connaissent, il me vient sans cesse de cette grande source de vie . je ne sais quelle eau jaillissante, fraîche et embaumée. Le cœur s'en désaltère, l'esprit y puise la fécondité, l'âme toute entière est comme inondée d'un déluge de grâces. En vérité , Rome est comme un huitième sacrement. sacrement de paix, d'allégresse et de félicité.

D'où vient cet étrange phénomène. Car enfin, il ne faut pas s'en tenir à ces délectations intimes, il faut encore en chercher la cause. Connaître les causes de nos impressions les plus délicates, n'est-ce pas encore en agrandir les effets et en multiplier les charmes ?

L'influence qu'exerce Rome sur les voyageurs. tient à la dignité de son caractère et à son ministère de grâce. Les autres villes éveillent la curiosité. piquent l'attention. mais laissent l'âme vide. Ce sont des capitales vulgaires, riches peut-être en population, redoutables par la puissance qui y siége, magnifiques souvent par la beauté de leur ciel et l'éclat de leurs monuments. Malgré tous ces attraits . ces villes n'étendent pas leur destinée au-delà de la destinée d'un peuple ; elles ne portent pas leurs efforts au-delà des intérêts nationaux ; et, avec toutes leurs splendeurs, elles ne prévalent, en définitive, que par la force. Rome a un autre caractère. Sans doute la douceur de son climat peut lui donner des charmes ; sans doute sa population est assez grande pour lui assigner un rang parmi les villes importantes ; et certainement elle l'emporte sur toute autre par le nombre, l'antiquité . la splendeur de ses ruines. de ses galeries et de ses musées. D'autres cités cependant peuvent s'en rapprocher sous ce rapport. Constantinople, Athènes. Palmyre, Héliopolis, Babylone ont eu aussi un grand nom dans l'histoire sans que la grandeur de leurs souvenirs puisse laisser dans l'âme autre chose qu'une impression passagère, tout au plus une inspiration poétique. Rome laisse une impression plus haute et plus durable. Rome fait réfléchir, Rome surtout se fait aimer. Lamartine a dit à son sujet :

De tout ce qui naît grand, ton ombre est la patrie !

Lamartine a rencontré le mot propre. Rome est la cité maîtresse qui domine tous les établissements des peuples. Ses anciennes conquêtes sont l'aboutissement d'un travail historique de trois mille ans et la préparation providentielle à ce qui reste de destinées pour l'humanité sur la terre. Saint Pierre achève cette préparation et commence ces destinées en établissant à Rome la Chaire apostolique.

Désormais Rome est la capitale de l'Église, c'est-à-dire *la première ville de l'humanité régénérée* en Jésus-Christ.

Un poëte protestant, qui visitait Rome, écrivit ces paroles :

« Je vis ici *dans une clarté et dans un repos* dont je n'avais plus le
« sentiment. La sage habitude que j'ai prise de voir les choses *telles*
« *qu'elles sont,* de faire de mes convictions la lumière des yeux, d'ab-
« diquer toute prétention contraire, me rend aujourd'hui *bienheureux*
« en moi-même.

« Tous les jours quelque chose de nouveau et de remarquable ; tous
« les jours des images fraiches, grandes, merveilleuses, et un ensem-
« ble pensé et rêvé depuis longtemps, mais qu'aucune imagination ne
« pourra jamais atteindre.

« Si maintenant je tourne mes regards sur moi-même, alors je dé-
« couvre un sentiment qui me réjouit. Celui qui regarde autour de soi
« sérieusement et qui a des yeux pour voir, celui-là *doit devenir fort,*
« il doit arriver *à une profonde compréhension des choses solides* et
« sérieuses.

« L'esprit se marque du cachet d'une capacité vigoureuse ; il arrive
« au sérieux sans sécheresse, à la maturité avec joie. Pour moi, du
« moins, il me semble que je n'ai jamais su *apprécier les choses de*
« *ce monde d'une manière aussi juste* que je le fais à présent. Ce sé-
« jour exercera sur ma vie entière une influence bénie. » (Gœthe).

Telle est l'influence de Rome et la puissance de son souvenir. La
pensée a trouvé à Rome la lumière et la règle ; le sentiment y a rencontré le précepte, la grâce et l'exemple ; toutes les forces vives de l'humanité y puisent leur perpétuel rajeunissement. Rome est notre gloire
et notre amour parce qu'elle est la cité sainte, la ville spirituelle et divine. Rome est le phare des consciences, le foyer des grandes espérances. Rome est la ville pleine de mystères doux et sublimes, mystères
assez obscurs pour que nous ne puissions les sonder, assez lumineux
pour que nous y attachions tout l'espoir de notre vie.

Le secret du charme ineffable qui attache l'âme à Rome par la
chaine d'or du souvenir, c'est que saint Pierre porte, au Vatican, les
clefs du royaume des cieux.